MANIFESTO A FAVOR DOS PEDAGOGOS

Sobre os autores

Jean Houssaye
Ciências da Educação – Universidade de Rouen

Michel Soëtard
Ciências da Educação – UCO na cidade de Angers

Daniel Hameline
Ciências da Educação – Universidade de Genebra

Michel Fabre
Ciências da Educação – Universidade de Nantes

H842m   Houssaye, Jean
    Manifesto a favor dos pedagogos / Jean Houssaye, Michel Soëtard, Daniel Hameline e Michel Fabre; trad. Vanise Dresch. – Porto Alegre: Artmed, 2004.

    1. Educação – Pedagogia – Princípios pedagógicos. I. Soëtard, Michel. II. Hameline, Daniel. III. Fabre, Michel. IV. Título.

CDU 37.013

Catalogação na publicação: Mônica Ballejo Canto – CRB 10/1023

ISBN 85-363-0210-0

MANIFESTO A FAVOR DOS PEDAGOGOS

Jean Houssaye

Michel Soëtard

Daniel Hameline

Michel Fabre

Tradução:
Vanise Dresch

Consultoria, supervisão e revisão técnica desta edição:
Rogério de Castro Oliveira
*Doutor em Educação.
Professor Titular da UFRGS.*

2004

Obra originalmente publicada sob o título
Manifeste pour les pédagogues

© ESF éditeur, 2002

Capa:
Mário Röhnelt

Preparação de original:
Joseane de Mello Rücker

Leitura final:
Maria Lúcia Barbará

Supervisão editorial
Mônica Ballejo Canto

Projeto gráfico
Editoração eletrônica

Reservados todos os direitos de publicação, em língua portuguesa, à
ARTMED® EDITORA S.A.
Av. Jerônimo de Ornelas, 670 - Santana
90040-340 Porto Alegre RS
Fones (51) 3330-3444 Fax (51) 3330-2378

É proibida a duplicação ou reprodução deste volume, no todo ou em parte, sob quaisquer formas ou por quaisquer meios (eletrônico, mecânico, gravação, fotocópia, distribuição na Web e outros), sem permissão expressa da Editora.

SÃO PAULO
Av. Rebouças, 1073 - Jardins
05401-150 São Paulo SP
Fone: (11) 3062-3757* Fax (11) 3062-2487

SAC 0800 703-3444

IMPRESSO NO BRASIL
PRINTED IN BRAZIL

Sumário

1 Manifesto a favor dos pedagogos 7

2 Pedagogia: justiça para uma causa perdida? 9
Jean Houssaye

Para uma definição da pedagogia 10
A negação da pedagogia 14
O fracasso da formação pedagógica 29
A manutenção do mal-entendido 35

3 Ciência(s) da educação ou sentido da educação?
A saída pedagógica 47
Michel Soëtard

As ciências da educação: forças e limites 48
Crise da filosofia, retorno ao filosofar 52
Pedagogia e ciências do homem 56
Pedagogia e sentido do homem 59
A pedagogia entre fato e sentido 62
A pedagogia: uma inteligência dos meios 65

4 Pedagogia e pedagogismo 71
Daniel Hameline

A palavra e a coisa 72
O pessoal e o impessoal 73
Pedagogia 75
A autonomia dos educandos 77
Três variantes do pedagogismo 78
A contradição e a escapada por um triz 79
Neutralizar os pedagogismos uns pelos outros 80
E Pestalozzi: pedagogo ou pedagogista? 80
Herbart e a razão pedagógica 81
Do aplicacionismo em educação 83
A rejeição da tutela 87
Pedagogias e pedagogismos. 88
Os conhecimentos não são coisas 90
"Taylorizar a instrução para valorizar a educação"? 92
A liga dos gêmeos 93
Livre de não estar lá 94

5 Existem saberes pedagógicos? 97
Michel Fabre

O que é a pedagogia? 98
A pedagogia entre o problema e a prova 105
Os saberes pedagógicos 109
Conclusão 118

1

Manifesto a favor dos pedagogos

Michel Fabre
Daniel Hameline
Jean Houssaye
Michel Soëtard

Consideramos que:

- a pedagogia é legítima;
- a pedagogia é um saber legítimo;
- a pedagogia produz saberes legítimos e historicamente legitimados;
- a pedagogia produz saberes específicos;
- a formação pedagógica é legítima;
- a formação pedagógica é específica;
- a formação pedagógica deve ser construída em torno desses saberes legítimos e específicos;
- a formação pedagógica deve ser construída pelos pedagogos;
- os saberes pedagógicos se produzem na articulação de ações realizadas, de concepções científicas e didáticas, de convicções normativas e de intenções filosóficas;
- os saberes pedagógicos são produzidos pelos pedagogos;
- os saberes pedagógicos se inscrevem em uma tradição de pedagogos (Sócrates, Comenius, Pestalozzi, Dewey, Oury, etc.);
- os saberes pedagógicos de tal tradição são tão legítimos quanto os saberes sobre a educação produzidos pelos filósofos e pelos cientistas da educação (Platão, Rousseau, Durkheim, Piaget, etc.);
- os saberes pedagógicos não podem ser confundidos com os saberes disciplinares;
- os saberes pedagógicos não podem ser confundidos com os saberes sobre a educação, o ensino e a pedagogia;
- os saberes pedagógicos não poderiam ser reduzidos aos saberes didáticos, devendo, ao contrário, articular-se sobre eles;

- a pedagogia não exclui os outros saberes, ela os articula na formação;
- ninguém pode dizer-se pedagogo se não aceitar teorizar suas práticas e submetê-las à discussão;
- os saberes pedagógicos, por sua vez, também são capazes de gerar saberes sobre a pedagogia, a educação e a humanidade. A pedagogia é portadora de uma abordagem específica do homem e de seu devir;
- na formação pedagógica, somente os pedagogos estão aptos a articular os saberes pedagógicos com os saberes disciplinares e com os saberes sobre a educação, o ensino e a pedagogia;
- na formação pedagógica, somente os pedagogos podem assumir a articulação desses saberes, pois é o que comprovam em sua prática profissional;
- a formação pedagógica deve ser assumida pelos pedagogos, assim como sua legitimidade de formadores é mantida por sua legitimidade de pedagogos;
- a formação pedagógica supõe a instauração, o respeito e o reconhecimento de um espaço institucional autônomo e específico que não seja submetido aos saberes disciplinares ou didáticos nem aos saberes sobre a educação, o ensino e a pedagogia.

2

Pedagogia: justiça para uma causa perdida?

Jean Houssaye

Sempre existiram duas tradições em matéria de produção de proposições sobre a educação: a dos teóricos da educação, como os filósofos e os cientistas da educação (psicólogos, sociólogos, historiadores, responsáveis administrativos, etc.) e aquela dos pedagogos, ou seja, a dos práticos-teóricos da educação.

É claro que também sempre existiram ligações entre essas duas categorias de emissores, mas o nascimento da ciência da educação e, em seguida, das ciências da educação se deu a partir da vontade de uma tradição de fazer com que a outra perdesse sua legitimidade para estabelecer os propósitos e as ações em educação. A linha de Platão, Rousseau, Durkheim e Piaget quis excluir e substituir a linha de Sócrates, Pestalozzi, Dewey e Freinet. Jules e Gilles Ferry deram-se as mãos pela história para celebrar a morte da pedagogia. Os profissionais tiveram usurpados o direito e a legitimidade de elaborar o saber pedagógico. Isso teve conseqüências dramáticas, em particular no que diz respeito à formação dos profissionais da educação. Podemos, então, afirmar que a ciência da educação e, logo, as ciências da educação constituíram-se sobre a morte da pedagogia. É o que faz com que a pedagogia e as ciências da educação funcionem como uma ilusão recíproca. De fato, a dificuldade é real: como fazer com que as ciências da educação constituam um lugar possível de acolhida da pedagogia, sem que tal lugar funcione como um lugar de substituição?

A partir dessa perspectiva, o que nos parece mais urgente é definir o que é pedagogia. Para nós, a pedagogia não é um campo (que reuniria os ofícios da infância e os ofícios dos adultos); a pedagogia não é um campo disciplinar (ao lado da filosofia, da sociologia ou da psicologia); a pedagogia não é um objeto (práticas e concepções a serem analisadas segundo abordagens disciplinares ou metodológicas); a pedagogia não é uma qualidade (um saber-fazer ou um saber-ser a comunicar); a pedagogia não é uma posição ideológica (os "pedagogos" opostos, por exemplo, aos republicanos).

A pedagogia é uma abordagem específica. O que é, então, que isso significa?

Para uma definição da pedagogia

Se a **pedagogia** é a reunião mútua e dialética da teoria e da prática educativas pela mesma pessoa, em uma mesma pessoa, o pedagogo é antes de mais nada um prático-teórico da ação educativa. O pedagogo é aquele que procura conjugar a teoria e a prática a partir de sua própria ação. É nessa produção específica da relação teoria-prática em educação que se origina, se cria, se inventa e se renova a pedagogia.

Por definição, o pedagogo não pode ser um puro e simples prático nem um puro e simples teórico. Ele fica entre os dois, ele é o entremeio. A relação deve ser permanente e irredutível ao mesmo tempo, pois o fosso entre a teoria e a prática não pode senão subsistir (ver Soëtard, 1981). É essa fenda que permite a produção pedagógica. Por conseguinte, o prático, em si mesmo, não é um pedagogo, na maioria das vezes é um usuário de elementos, coerências ou sistemas pedagógicos. Mas o teórico da educação, como tal, também não é um pedagogo, pois não basta pensar o ato pedagógico. Só será considerado pedagogo aquele que fizer surgir um *plus* na e pela articulação teoria-prática em educação. Esse é o caldeirão da fabricação pedagógica.

Tomemos alguns exemplos de autores bem conhecidos. O primeiro será Rousseau. Ora, Rousseau não é um pedagogo, pois nunca foi um prático propriamente dito; sua prática então não pode ter sido produtora de sua teoria. Rousseau é um teórico-filósofo da educação. Isso, no entanto, não desmerece seu propósito, designa simplesmente seu gênero. Afirmar essa **relação teoria-prática,** exercida pela mesma pessoa, é relativamente simples, analisá-la é que é problemático. No caso de alguns autores, é bastante sutil. Ferrière, por exemplo, pode ser considerado um pedagogo reprimido, assombrado por sua prática impossível: tentará criar sua própria escola nova depois de ter visitado e acompanhado as outras, mas não conseguirá; fará uma tentativa no ensino, mas terá de desistir dela; só lhe restará ser o militante-defensor-propagandista-teórico da Educação Nova. Cousinet, por sua vez, sem dúvida ensinou durante cinco anos, mas foi sobretudo como inspetor de formação que ficou conhecido: a prática dos outros foi, nesse caso, determinante. Com base em experiências e observações constantes, é essa prática que servirá de referência à sua insaciável atividade teórica de criador de revistas e de movimentos. Steiner não conceberá a educação senão como um aspecto de sua teoria globalizante e só muito tardiamente ele fundará uma escola.

Poderíamos situar Neill em posição inversa. Diretor de escola, depois criador e diretor de sua própria escola. No seu caso, sabe-se que a prática vem primeiro, a tal ponto que alguns vão considerar que suas convicções teóricas iniciais, reforçadas aos poucos, são mais afirmações do que demonstrações. Um pouco no mesmo sentido, a imagem que se mantém de Freinet se deve a suas "invenções" práticas, que deixam um pouco à sombra as intuições e as demonstrações teóricas.

Em outros casos, é muito mais difícil dissociar assim os aspectos práticos dos aspectos teóricos, por parecerem tão solidários. O pensamento de Pestalozzi não pode ser dissociado de suas experiências sucessivas. Professor, psicólogo clínico, formador permanente, Rogers escreveu de maneira constante a partir de sua experiência. Makarenko, professor, e depois fundador e diretor de colônias para crianças delinqüentes durante quinze anos, por mais que escrevesse principalmente a partir de suas experiências, não deixou de ter, desde o início, sua obra (prática e teórica) impregnada pela teoria socialista e da qual só conservamos a articulação. Robin, professor e depois diretor de um orfanato durante quatorze anos, sempre "cercou" sua experiência com suas teorias (antes, durante e depois). É também o caso de Fröbel e de Dewey, embora o primeiro, fascinado por Pestalozzi, preceptor, depois criador e diretor de uma escola durante doze anos, não seja conhecido, na maioria das vezes, por essa experiência nem por sua teoria educativa fundamental, e sim por uma proposta que permanecerá mais teórica do que prática, relacionada com a primeira infância; enquanto que o segundo, professor, criador e diretor de uma escola-laboratório durante sete anos é, por sua vez, considerado um grande filósofo da educação.

Seja como for e quaisquer que sejam os avatares e as formas dessa articulação teoria-prática, consideremos que ela é determinante e constitutiva da pedagogia. Poder-se-ia, aliás, compor um espectro pedagógico a partir dessa relação teoria-prática:

TEORIA						PRÁTICA
Ferrière	Steiner	Fröbel	Robin	Makarenko	Freinet	Neill
	Cousinet	Dewey	Rogers	Pestalozzi	Decroly	
		Montessori		Ferrer		
Rousseau						Os práticos
Os teóricos da						que permanece-
educação						ram anônimos

Situados nesse contínuo teoria-prática, os diferentes pedagogos mantêm certamente relações específicas com os dois aspectos do par, mas não podem senão inserir-se nele. Ao contrário, os teóricos da educação ficam fora dele, assim como muitos práticos que permaneceram anônimos por falta de uma elaboração teórica (e não por questões eventuais de notoriedade). Todavia não se deveria pensar que a prática não esteja presente entre os teóricos nem que a teoria não esteja presente entre os práticos. Em ambos os casos, simplesmente não constituem os saberes elaborados: para os primeiros, a prática é no máximo projetada; para os segundos, a teoria permanece intuitiva ou tomada de outros.

Eis aqui o reconhecimento da via específica da pedagogia. Vamos concordar que o que deve haver em pedagogia é certamente uma proposta prática, mas ao mesmo tempo uma teoria da situação educativa referida a essa prática, ou seja, uma teoria da situação pedagógica. Resta explicitar as principais características de tal abordagem. Vamos distinguir quatro delas: a ação, o enraizamento, as rupturas, a mediocridade.

É claro que devemos começar pela **ação**, visto que remete diretamente à necessidade da prática. Em pedagogia, não podemos fazer economia do "fazer", à medida que, de qualquer maneira, ele está na fonte do "dizer". Sabe-se que Freinet foi o inventor de diversas técnicas (impressão, correspondência, etc.); também não devemos esquecer que ele foi obrigado a fundar uma escola privada laica. Robin, na direção de seu orfanato, não parou de inventar instrumentos pedagógicos e de observação. Dewey não hesitou em fundar uma escola-laboratório para confirmar, afinar e tornar críveis suas idéias. Neill abriu uma escola da educação para a liberdade. Fröbel se voltou para os jardins de infância após as criações de escolas. Rogers nunca parou de agir de modo diferente para formar de modo diferente. Cousinet e Ferrière lançaram movimentos e revistas para reunir, coordenar, difundir e defender as múltiplas tentativas de Educação Nova. Makarenko sempre considerou que um meio educativo deve ser tirado da experiência e da observação mais do que da razão, pois a verdade deve surgir da evidência da ação. Decroly foi tanto um homem de campo e de ação que não deixou nenhuma obra geral de teorização. Para "dar consistência" a "Emílio", Pestalozzi não parou de fundar escolas e laboratórios pedagógicos.

Porém, a ação só tem sentido na medida em que testemunha um **enraizamento**. Este pode ser de várias ordens desde que mostre justamente que um pedagogo é um ser histórico situado em sua época, portador de sua época e de suas questões. Podemos estabelecer toda uma seqüência quanto às influências pedagógicas: Pestalozzi enraiza-se em Rousseau; Fröbel tem Pestalozzi como referência constante; Dewey procura prolongá-los;

Makarenko os lerá antes de assumir suas funções; Freinet consultará os pedagogos de Hamburgo e da URSS; Rogers se situará na esfera de influência de Dewey e Kilpatrick; Ferrière e Cousinet tentarão conhecer as experiências inglesas, francesas, alemães, suíças, americanas, etc. É preciso também identificar as influências filosóficas ou científicas: o evolucionismo e a psicologia experimental em Decroly; o vitalismo e Lamarck em Freinet; William James e as filosofias das interações sociais (contra as diversas formas de dualismo) em Dewey; uma certa psicanálise em Neill; o espiritualismo e o idealismo em Fröbel; o idealismo espiritualista em Steiner; o positivismo e o fourierismo em Robin; o existencialismo em Rogers, etc. A política, por sua vez, também se faz muito presente: o comunismo para Makarenko; o socialismo libertário para Robin; o radicalismo para Steiner; a democracia para Dewey, etc. Devemos reconhecer ainda os enraizamentos psicológicos e sociais mais pessoais: a fidelidade de Freinet a um mundo rural camponês e artesanal; a revolta de Neill contra o pai; Fröbel em busca da mãe...

Movido pelo desejo de agir, apoiado em seus enraizamentos, o pedagogo vai realizar **rupturas**. Pestalozzi recusa considerar apenas a vontade política e quer então alicerçar a política na educação. Ferrière, depois de sua iluminação no contato com H. Lietz e de sua verdadeira vocação para a Educação Nova, vai desejar romper com a guerra por intermédio da escola ativa. Robin vai combater incessantemente o clericalismo e o patriotismo militarista na escola, sem falar da separação dos sexos. Dewey, Decroly, Cousinet e Rogers lutarão contra a pedagogia tradicional autoritária e o ensino, em nome da confiança na criança e da aprendizagem. Robin, Fröbel, Makarenko, Freinet e Ferrer, cada um para favorecer o desabrochar de seu novo homem, não hesitarão em enfrentar a hostilidade dos notáveis e dos inspetores. Neill vai desejar lutar contra a sociedade industrial da miséria, as guerras, os campos de concentração, a religião e o moralismo, tudo isso em nome da psicanálise, do amor e da liberdade...

Além da ação, do enraizamento e das rupturas, sem dúvida, há também a **mediocridade**. Esta é certamente inegável no plano do princípio, visto que a teoria e a prática não podem ser reduzidas uma à outra. A prática sempre extrapola a teoria, do mesmo modo que sempre existem outros meios teóricos para expressar o não-dito da ação. Só que a mediocridade também se encontra muito intensamente na experiência cotidiana. Humano, sim; demasiado humano, o pedagogo! Qual deles não a sentiu então em sua própria carne? Ferrière teve de renunciar, após uma experiência, a conduzir um grupo de crianças por causa de sua surdez. Fröbel precisou deixar a direção de seu estabelecimento, teve seus diferentes projetos de escola recusados, fundou, então, jardins de infância que foram proibidos. Robin, sem falar de suas interrogações sobre a fortíssima hereditariedade das crianças que lhe foram confiadas, foi destituído da direção de seu orfanato pelo conselho dos ministros. Cousinet foi sem dúvida inspetor, mas sua notoriedade antes o prejudicou do que o auxiliou na administração. Neill passou do sonho de expandir sua experiência como uma mancha de óleo a uma estratégia de sobrevivência por preservação. Freinet foi riscado da educação nacional, e seu movimento não foi reconhecido apesar de sua obstinação, prestes a se esvaziar pouco a pouco seja por recuperação, seja por estigmatização (pedagogia para crianças com problemas). Makarenko, depois de ter vencido vitoriosamente as recusas administrativas, perguntou-se se seus esforços foram realmente recompensados, se os jovens não iriam logo esquecer ou trair os princípios de tal educação. Dewey, Rogers e Neill foram "reduzidos" a renunciar a seus saberes-certezas para se voltarem para a aprendizagem, a curiosidade e a abordagem das crianças. Pestalozzi, depois de ter fechado muitos de seus estabelecimentos, acabou fechando seu "grande êxito" de Yverdon. Como Rousseau observara tão bem, não seria o sinal de que o fim da educação não pode senão fugir ao educador e a seus dispositivos? Enfim, não devemos esquecer que Ferrer, derrubado pelas balas do pelotão de execução, encontrou ainda força para gritar "Viva a escola moderna!".

Em resumo, não é só em suas condições extrínsecas, mas também em suas condições intrínsecas, que o ato pedagógico deve, de certo modo, enfrentar e integrar o fracasso. É como se o fracasso fosse uma necessidade em pedagogia. O fracasso, contudo, é uma realidade dinâmica, pois é ele que representa a fenda entre a teoria e a prática. O fracasso é, ao mesmo tempo, o elo entre as duas, a própria impossibilidade de reduzir uma à outra e o movimento dialético que as envolve de maneira indissolúvel. Tal fracasso é multiforme, remete aos movimentos entre teoria e prática, entre realidade e ideal, entre presente e futuro, entre sistema e atitude, entre instrução e educação, entre técnicas e fins, entre domesticação e emancipação, entre análise simplificadora e rupturas da complexidade, entre adaptação a um sistema e modificação do mesmo, entre perspectiva teórica e aquilo que se faz diariamente. Para o pedagogo, o fracasso, assim definido, é dinâmico (até certo ponto, é claro!)...

A negação da pedagogia

As formas clássicas: da recusa à assunção

Vamos, então, definir a pedagogia como a abrangência mútua e dialética da teoria e da prática educativas por uma mesma pessoa e sobre uma mesma pessoa, e o pedagogo como sendo, sobretudo, um prático-teórico da ação educativa. A negação da pedagogia consiste em recusar como "válido" o saber oriundo dessa abrangência. A assunção da pedagogia pretende "salvar" a pedagogia forçando-a a renunciar a esse método de constituição do saber em proveito de um outro, "reconhecido". Com tal espírito, só se salvará a pedagogia se esta renunciar à sua "natureza". São muitos aqueles que vão propor a ela que renuncie a si mesma. Para estabelecer o movimento entre recusa e assunção, examinaremos sucessivamente as lógicas dos filósofos, dos especialistas das ciências da educação e dos didatas.

A filosofia e a pedagogia

De certo modo, não devemos falar aqui especificamente dos filósofos. Estes não fazem senão retomar o *leitmotiv* dos especialistas das disciplinas. Qual é ele? Podemos simbolizá-lo com as palavras de Brunetière, acadêmico, homem de Letras e professor da Escola Normal Superior, a quem Hameline tão bem analisou recentemente: "Tenhamos sobretudo professores que pensem somente em lecionar e não nos preocupemos com a pedagogia!" (*Éducation et instruction*, 1895, p. 8). No final do século XIX, a pedagogia faz rir, a pedagogia dá medo. Faz rir por seu lado fora de moda, ultrapassado e pretensioso. Dá medo porque traz consigo uma ameaça de falso saber que dissolveria a cultura. É, portanto, normal, lógico, necessário e salutar negar a pedagogia, porque ela não existe como tal, porque não é de modo algum específica.

Essa negação disciplinar habitual da pedagogia virá acompanhada, no meio dos filósofos, por uma concepção "transcendental" de uma filosofia auto-suficiente (Vieillard-Baron, 1994). Contra a concepção dos sofistas, para quem tudo pode ser ensinado, Platão sustenta que o que deve ser ensinado é a verdade, a qual somente a filosofia alcança. Para além das verdades parciais fornecidas pelas outras formas de conhecimento, o ensino da filosofia é a educação do homem no mais amplo sentido do termo. O idealismo, de Platão a Hegel, coloca que o ensino da filosofia é, antes de mais nada, dependente do conteúdo que é ensinado. Ensinar a filosofia significa apresentar a outrem um saber verdadeiro. A verdade do saber de nada pode depender além dele mesmo, de uma pedagogia, por exemplo. Interessar-se pela forma, pelo método, é duvidar do fundo, da verdade. Devemos então desconfiar da falsa imagem de Sócrates. Para muitos filósofos, a imagem do homem se modela sobre um conceito ideal, cujo papel realizado é sustentado pela filosofia, como para Platão. Interessar-se pela pedagogia é desviar-se da busca e do processo de verdade, essência da filosofia.

Aliás, simbólica e metaforicamente, pode-se pensar que Platão "mata" Sócrates. Toma-lhe sua morte, tira-lhe seu silêncio, fala para ele, fala dele. E o que diz dele? Diz tanto que não se sabe mais onde anda Sócrates. Só que a prática é subsumida pela teoria, as idéias são primeiras, a pedagogia é "imagem", "sombra" das idéias, do uno. O que Platão sabe sobre isso? Sabe quanto ao seu pensamento, mas não quanto a uma ação pensada. Ao contrário de Sócrates, que agiu e não escreveu, a teoria de Platão sobre a educação não será verdadeiramente afetada por sua história. Sabe-se que a tentação prática de aplicação em um tirano de Siracusa acabará mal; a prática resistirá às idéias, mas não as afetará realmente. Sócrates, pedagogo, verdadeiro prático da educação, será "desviado", se voltará para as idéias, para o mundo do absoluto. Doravante, somente o pensamento pensa a pedagogia, e a prática desaparece da ordem do estabelecimento da verdade. Para a pedagogia, a voz da constituição de seu próprio saber é então "assumida" pela ordem da teoria, que se torna auto-suficiente. Quem é aquele que sabe? Não é mais Sócrates que busca, interroga e, de certo modo, fracassa (ele morre por causa disso), é Platão quem constrói o mundo sobre o verdadeiro. Sócrates ficou mudo.

Vemos pois, com muita freqüência, a filosofia navegar entre a recusa e a assimilação da pedagogia. Ora recusa a pedagogia, ora se abre à pedagogia. Platão e Rousseau põem em cena a pedagogia, inventam e deduzem a prática para melhor geri-la. Para eles, a prática não é de modo algum produtora da teoria. Essa prática da assimilação pela teoria em filosofia vai ser encontrada na origem da ciência da educação, tal como analisada por Charbonnel (1988). Nos anos de 1880, são de fato os filósofos que reduzem a pedagogia à psicologia da educação, e o fazem no seio da filosofia. São eles Compayré, Pécaut, Gréard, Marion, Buisson e Thamin. Apesar das nuanças, a tentativa dominante consistirá em reduzir a pedagogia a uma ciência da educação como psicologia aplicada, no seio da filosofia. É essa concepção que vai predominar antes da virada do século, a tal ponto que a psicologia aplicada à educação é introduzida no programa das escolas normais, secundárias e superiores em 1880. É só em 1920 que a sociologia é acrescentada ao programa, mas, dessa vez, a filosofia vai ser secretamente ameaçada, pois a sociologia também pretende revelar os fins da educação.

De qualquer modo, a pedagogia torna-se ciência por se converter, se desagregar, em saber psicológico aplicado. A filosofia clássica vai alimentar a psicologia experimental e, na verdade, a pedagogia experimental de Binet, Claparède, Buyse ou Aurélien Fabre. Graças à filosofia, a pedagogia morre, a ciência da educação e depois as ciências da educação nascem. De nada adiantou Durkheim ter observado, em 1911, que a pedagogia era uma teoria prática; a pedagogia foi reduzida a uma prática de aplicação de uma teoria científica externa. É bem verdade que Durkheim vai estar mais do que inclinado a seguir o mesmo método, dessa vez, em proveito da sociologia.

Enfim, parece que, para os filósofos da educação de 1880, a ciência da educação é dada como o apogeu da filosofia da educação por intermédio da psicologia científica. Entretanto parece ainda que isso foi mais uma intenção do que uma realidade, se considerarmos as análises de Gautherin. Esta última mostrou que a ciência da educação universitária permaneceu uma ciência principalmente especulativa, distante de qualquer preocupação empírica. Os professores da ciência da educação se disseram teóricos, e não especialistas da educação. Produziam teorias gerais da educação e eram criticados pela inutilidade de sua pedagogia. Cumpriram sua missão: "justificar uma política educativa, reforçar a crença nos poderes da educação, reforçar o laço social" (1995, p.53). Os filósofos puderam, assim, recuperar o que censuravam à pedagogia, a saber, o fato de se colocar como a ciência orientadora no lugar da filosofia. É, portanto, perfeitamente legítimo (ou seja, considerando tais ambigüidades) dizer que os professores de filosofia, em 1947, se tornaram professores de psicopedagogia encarregados de ensinar, nas escolas normais, a pedagogia geral, a filosofia da educação, a psicologia infantil e a antropologia social. Só que tal batismo reconhecido da pedagogia vai quebrar-se logo em seguida: a psicologia vai deixar as águas da filosofia e constituir um setor independente que com certeza não nega suas origens, mas mesmo assim faz questão de se manter a distância. A psicologia infantil se desenvolve, acompanhada em menor medida, pela psicologia da educação.

Como fica a pedagogia em tudo isso? Será que ela vai se entregar inteiramente à psicologia, em nome da ciência, e fugir então da filosofia? De jeito nenhum. A filosofia, como instituição, vai continuar colocando-se como o referencial da pedagogia, vai monopolizar a pedagogia e reduzi-la a si mesma. A prova disso pode ser encontrada na reforma introduzida por Jacques Leif, em 1969 (ou seja, dois anos após a criação dos primeiros currículos de ciências da educação) nas escolas normais; a pedagogia geral será novamente confiada aos filósofos, e a tradição da história das doutrinas da educação será reencontrada. A psicologia não fica ausente, mas faz parte de um conjunto mais amplo, que faz da filosofia da educação a especialista das generalidades e que continua a justificar o lugar dos filósofos nos meios de formação pedagógica inicial. Quando as generalidades se tornam por sua vez realmente muito gerais e, sobretudo, quando parece que os saberes das ciências da educação se referem cada vez mais a disciplinas tipificadas, reconhecidas e independentes (psicologia, sociologia, história, economia, etc.), as generalidades se afinam, e a filosofia da educação se volta para um núcleo duro que ela chama, na maioria das vezes, de estudo dos objetivos e dos fins dos meios que constituem a pedagogia. Para dizer que o essencial, o sentido deve presidir a aplicação, mesmo que esses meios pedagógicos continuem buscando justificações nas ciências humanas. Não seria ainda um meio de sustentar as ciências, mesmo que não se assimile mais a filosofia às ciências? O principal é que a pedagogia permaneça sob controle, mas, dessa vez, ela tem dois mentores, a filosofia, de um lado, e as ciências da educação, de outro, tendo sido as últimas induzidas pela primeira.

As ciências da educação e a pedagogia

Como destaca Hameline (1985), a ciência da educação em projeto vai rapidamente explodir sob várias influências. O modelo experimental exige a suspensão da crença e substitui a ciência indefinidamente fragmentada dos fatos de educação a estabelecer pela ciência pedagógica unitária dos conjuntos pensados. A prática e os profissionais em prática vão ser recusados como podendo abrir o caminho da ciência; a teoria pedagógica vai deixar o mundo das práticas educativas. Os aspectos normativos da pedagogia vão ser mandados para fora da ciência; a ordem dos fins fica então desacreditada. A multiplicação das ciências humanas vem acompanhada pela vontade de cada uma de inserir a educação em seu próprio campo. A pedagogia, concebida como a disciplina necessária para articular o que se diz e o que se faz no campo da educação, desaparece em proveito de um modelo dedutivo que deseja reduzir o fazer ao dizer, o saber-fazer ao saber científico. Do rigor da ciência deve decorrer epistemologicamente o rigor do saber da ação e, daí, diretamente, o rigor da ação. A ação se torna segura, assegurada, cheia de segurança, pois a ciência faz a lei. Com certeza, o escravo-pedagogo libertou-se, mas ao mesmo tempo simplesmente perdeu sua identidade. De novo, viu-se negado.

Essa passagem da pedagogia às ciências da educação certamente levou tempo. O vocabulário levou tempo para se fixar, visto que foram empregadas sucessivamente as seguintes palavras (sem falar na efêmera pedologia):

- pedagogia científica (Binet, Bouchet, Bovet, Claparède, Fabre),
- pedagogia experimental (Binet, Claparède, Dottrens, Simon),
- ciência pedagógica (Claparède),
- ciência da educação (Bain, Buyse, Compayré, Marion, Lapie, de la Vaissière),
- ciências da educação (Malche, Mialaret... e todo o mundo).

Não é necessário dizer que essa lista não é exaustiva e que cada autor pode encontrar-se em diferentes denominações.

Porém, nesse caso, o movimento de todos é muito consensual: trata-se de recusar a "velha pedagogia" para assegurar a assunção da "verdadeira pedagogia" por meio da ciência. A esse respeito, costuma-se fazer referência a Bain, que publica, em 1894, *La science de l'éducation*. Ora, o que é que Bain propõe? Considerar "a arte de ensinar de um ponto de vista científico" (p.VII), ou seja, limitar os métodos de ensino de cada disciplina tanto a uma ordem psicológica obtida pelo estudo rigoroso das faculdades da inteligência quanto a uma ordem lógica inerente aos próprios conteúdos. Os didatas atuais não desmentiriam isso. Logo se compreende que a pedagogia se torna a ciência da educação se ela se apoiar na ciência psicológica. Bain, recusando as definições filosóficas vagas e gerais demais, chega até a considerar apenas a instrução, a reduzir a educação ao estudo da transmissão, a privilegiar a memória (ou capacidade de retenção) e a pedagogia tradicional.

Em 1905, Claparède, alimentando a Educação Nova, vai explicar a orientação em *Psychologie de l'enfant et pédagogie expérimentale*. A pedagogia deve tornar-se ciência experimental e depender da psicologia científica infantil: "É uma verdade que parece elementar o fato de que a pedagogia deva repousar no conhecimento da criança, assim como a horticultura repousa no conhecimento das plantas"(p.1, primeira frase). Em outras palavras, a prática pedagógica, pois há uma prática, encontra sua razão de ser e sua verdade fora dela. E é essa base científica que deve permitir dar mais importância à educação das crianças do que à agricultura, à horticultura ou à "criação de animais". É essa base científica que deve dar seus títulos de nobreza à pedagogia, para além de sua redução ao bom senso, ao dom ou à prática diária: "Aqui está a origem da ciência da educação, a mesma origem de toda ciência: preencher as lacunas do instinto" (p. 11).

É assim que a pedagogia vai progredir: emparelhando-se com a ciência e até mesmo com as ciências; o saber vai vir de fora – o "como fazer" não encontra mais sua verdade e seu rigor no fazer, e sim em saberes externos que se consideram científicos. A ciência da educação vai assim logicamente desembocar nas ciências da educação. Ora, poderia ser que as ciências da educação fossem a ilusão da pedagogia. Então, no mínimo, perdemos cada vez mais a esperança quanto a sua possível influência sobre esta última, se ouvirmos as vozes atuais (fora aquelas que continuam se lamentando quanto ao pouco efeito da pesquisa sobre as práticas!). Um exemplo: A obra de Crahay e Lafontaine em homenagem a de Landsheere, *L'art et la science de l'enseignement* (1986). Apesar dessa obra ser uma incontestável súmula das pesquisas experimentais sobre o ensino, longe de se apresentar como a nova súmula pedagógica, ela é percorrida por um verdadeiro desencantamento: a esperança depositada nas certezas e nas possibilidades da ciência de fazer conhecer e dirigir a ação pedagógica parece, no melhor dos casos, recuar como o horizonte. Todavia muitos pesquisadores continuam seguindo Marion, que, no famoso dicionário de Buisson, em 1887, havia definido a pedagogia como a ciência da educação. Depois dos filósofos (mas como vimos, na verdade, em seu meio), os cientistas tentaram então (e conseguiram) recusar a especificidade da pedagogia, e isso por assunção científica.

As didáticas e a pedagogia

O êxito atual das didáticas reativa o processo de recusa-assunção da pedagogia. A volta do termo didática ao primeiro plano e a emergência atual das didáticas são o sinal de que os defensores dos saberes únicos e de sua suficiência (ou pelo menos alguns deles) começam a integrar e investir nas questões pedagógicas a partir de suas próprias posições. Com isso, eles enriquecem de maneira substancial a reflexão pedagógica, da qual querem, contudo, continuar diferenciando-se.

Em outras palavras, os defensores procuram ressaltar que continuam pertencendo à sua disciplina de partida (matemática, física, biologia, línguas, etc.). Essa vontade comum não impede as disputas internas sobre as questões de fronteiras e identidade. Do ponto de vista institucional, na verdade, os didatas parecem falar de questões tradicionalmente reservadas ao que se reconhecia como sendo a pedagogia.

Historicamente falando, será que se pode estabelecer, em primeiro lugar, uma diferença rigorosa entre pedagogia e didática? Para começar, lembremos que o pedagogo, em sua origem, era o escravo que conduzia o aluno até o mestre. É, portanto, aquele que forma o aluno ao longo do caminho da escola e o educa para a vida comum. O didata corresponderia então ao *magister* que instrui? O problema é que tal distinção deixou de ter sentido muito rapidamente, pois o pedagogo, de certo modo, entrou na sala de aula para se confrontar com as práticas de ensino, e o próprio *magister* tornou-se reitor e quis educar o aluno e não mais apenas instruí-lo. De tal modo que a pedagogia tornou-se antes de mais nada metodologia.

Se hoje o termo didática tende a substituir o termo metodologia, convém não ver nisso uma mutação definitiva e fundamental, pois, como observa Terral (1994), estamos assistindo a uma reviravolta completa do conceito de didática: ontem, teoria do ensino, magistral em primeiro lugar, (os partidários da nova Educação, como Cousinet, não cansaram de recusá-la; Avanzini, em 1977, fustiga primeiro o didatismo pedagógico), depois a reflexão disciplinar sobre a transmissão e, sobretudo, a apropriação dos saberes. A didática tende cada vez mais a se tornar didática comparada e didática geral, envolvendo assim a ancestral pedagogia geral, que se auto-apresentou como metodologia. E não sairemos disso afirmando que há somente didáticas particulares e específicas em função das disciplinas, pois vamos encontrar então o que chamamos durante muito tempo de pedagogias especiais (da matemática, da leitura, das ciências, etc.), opondo-se mais ou menos à pedagogia geral. As pedagogias especiais desenvolveram-se dentro da psicopedagogia... que o termo didática tende atualmente a substituir! Em resumo, por mais que os especialistas reconhecidos em questões pedagógicas tenham mudado de nome nas instituições de formação, as questões, por sua vez, permanecem. Os antigos diretores de escolas normais, a quem eram reservados os cursos de moral e pedagogia, foram substituídos pelos psicopedagogos, oriundos da filosofia, divididos entre as ciências da educação nascentes e a filosofia perene. Os didatas hoje têm tendência a substituir, divididos, desta vez, entre os saberes disciplinares e as questões pedagógicas.

O próprio termo didática só foi empregado muito recentemente. A partir de 1955, os dicionários vão defini-la como a arte de ensinar! Devemos admitir que a especificidade quase não está marcada... Evidentemente, seria incorreto esquecer *A grande didática* de Comenius (a primeira versão checa de 1649). Essa obra capital deve ser considerada a primeira tentativa sintética para constituir a pedagogia como ciência autônoma ("Didática significa: arte de ensinar", 1992, p. 29). Ao menos, Comenius não se dera ao trabalho de distinguir didática e pedagogia...

Será que hoje é a mesma coisa? Fala-se tanto em material pedagógico quanto em material didático, em obras pedagógicas quanto em obras didáticas. Quanto aos dicionários ditos de pedagogia, estes consideram a didática ora como a arte de ensinar, ora como um conjunto de procedimentos ou técnicas ligados ao ensino de uma disciplina. O mesmo pode ser observado quando se trata de definir a pedagogia. Aliás, parece que isso não é especificamente francês: em várias línguas, a palavra didática é empregada indistintamente para métodos, formas de aprendizagem, formas de ensino, etc. É isso que leva os especialistas a se revoltarem regularmente contra o que eles chamam de confusões e a lamentarem o fato de os professores reduzirem a abordagem didática ora ao material, ora aos procedimentos de ensino, ou até mesmo aos truques e manhas da prática cotidiana. A didática não cairá no utilitário, principalmente na formação profissional, pois proclama-se por toda parte. Identifica-se aqui exatamente a problemática do discurso pedagógico sobre a formação (tanto o discurso daqueles que formam quanto o daqueles que são formados). Caímos mais uma vez no mesmo esquema.

Será que as definições especializadas da didática podem inverter o curso dessa identidade? Em primeiro lugar, observemos que, quando a ciência da educação se constituiu, empregavam-se tanto o termo pedagogia experimental quanto o termo didática experimental, prova, sobretudo, de que o que estava em jogo então era simplesmente o desejo de fundar uma determinação segura da prática sobre o saber reconhecido como científico (principalmente psicológico). O termo didática vai também, por vezes, ser usado como um meio de se diferenciar da pedagogia, contando com o lado racional e mais científico de que se revestia o primeiro. Mas o mesmo seria buscado na pedagogia. A solução seria, então, abandonar o termo didática, por ele ser muito marcado pela "bricolagem" pedagógica, em proveito de um termo como didaxiologia (De Corte, 1979) ou didático (Raisky e Caillot, 1996)? Surge logo, outra vez, a vontade de uma abordagem mais rigorosa nesta área, mas isso vale tanto para a pedagogia – ou para o pedagógico (Altet, 1994), ou para uma pedagógica (Gillet, 1987) – quanto para a didática. Aliás, as relações entre os dois termos são tão difíceis de explicar que Mialaret, em 1976, incluiu a didática na pedagogia e, em 1982, chegou a inverter a relação, depois de ter definido, em 1979, a didática como o conjunto dos métodos, das técnicas e dos procedimentos para o ensino e de ter diferenciado a metodologia geral do ensino das metodologias específicas. Decididamente, é mesmo difícil situar-se no meio disso.

Tudo ocorre como se as relações entre didática e pedagogia funcionassem como um jogo de espelhos deformados. O didata consegue definir-se como didata censurando o pedagogo por este não levar realmente em conta aquilo que ele, didata, pretende representar. E o pedagogo faz o mesmo em relação ao didata. Ambos se definem mais pela recusa do outro do que em relação a si mesmos. E com razão, pois são, na verdade, idênticos. Sua diferença essencial se deve, antes de mais nada, à vontade de diferença, pois um censura o outro por aquilo que não gostaria de ser censurado. Os didatas censuram os pedagogos por estes terem um projeto vago e empírico demais; os pedagogos censuram os didatas pelo fato de estes apresentarem um projeto específico demais quanto ao conteúdo e ao método. Com isso, os leitores, por sua vez, têm muita dificuldade em entender as diferenças entre obras de didatas, como *L'école pour apprendre* (Astolfi, 1992) ou *De l'apprentissage à l'enseignement* (Develay, 1992), e obras de pedagogos, como *Apprendre, oui... mais comment?* (Meirieu, 1987) ou *Enseigner et faire apprendre* (Not, 1987). Mesmo que o rótulo mude, o campo e o projeto são semelhantes. Encontramos um último exemplo disso na emergência de uma psicodidática que retoma a abordagem de uma psicopedagogia experimental com fim científico (Lamouroux e Moré, 1995).

Pouco a pouco, a didática engloba a pedagogia, substituindo "naturalmente" os termos (constroem-se dispositivos didáticos, qualificam-se como didáticas as relações professor-aluno, fala-se de comunicação didática, etc.), em uma operação que é apropriação e recusa da pedagogia ao mesmo tempo. Podemos então destacar quatro reivindicações que diferenciam pedagogia de didática. A primeira consiste em centrar a especificidade da didática, nos conteúdos, e a da pedagogia, nas relações, (Astolfi ou Develay [1992, p. 91]; ou Labelle [1996], que fala em relação didática por justaposição), como se a pedagogia sempre tivesse sido reduzida à questão da relação professor-alunos! A segunda, mais difusa, afirma que a didática trata daquilo que diz respeito à aprendizagem, enquanto que a pedagogia se limita a uma prática de ensino tradicional, o que representa uma curiosa inversão da crítica que a pedagogia "nova" fez ao didatismo da pedagogia "antiga" (ver anteriormente). A terceira define a didática como o estudo do formalizar ou do pensar, e a pedagogia como o estudo do agir ou do aplicar (Altet, 1994; Tochon, 1993), o que significa dissociar originariamente a teoria e a prática e negar a abordagem pedagógica enquanto tal para salvar uma abordagem "científica" (ver anteriormente). A quarta reivindicação estipula que a didática concerne ao ato de ensino como instrução, e a pedagogia, àquilo que se dá fora da instrução como tal, em sala de aula (Galatanu, 1996 – de acordo com essa autora, a comunicação científica pedagógica que ela analisava em 1984 tornou-se, dez anos mais tarde, comunicação didática, como convém), o que, no mínimo, significa "esquecer" tudo aquilo que, em um dado momento, levou à fortuna da pedagogia, ou seja, os estudos para melhorar o processo de ensino. Enfim, antes de mais nada, saibamos que os especialistas, em suas tentativas de dissociar didática e pedagogia, conseguem sobretudo uma coisa: criar um nó de contradições! E a recusa, por acumulação de oposições contraditórias alimenta a substituição da pedagogia pela didática.

A especificidade da didática em relação à pedagogia estaria baseada nesses conceitos? Além do fato de que, como acabamos de ver, a didática tende a cobrir toda a área, é preciso, em primeiro lugar, observar que novos conceitos surgem continuamente em uma área, sem, contudo, se falar de uma nova ciência. As noções de projeto, contrato, conflito sociocognitivo, tentativa, diferenciação e objetivos podem ter invadido a pedagogia, mas nem por isso vamos falar de uma nova ciência. E o mesmo vale para transposição, representação, objetivo-obstáculo. Em seguida, é preciso ressaltar que os conceitos privilegiados pela didática foram tomados de outras áreas (o que relativiza os gritos lançados por alguns didatas quando constataram que "seus" conceitos se tornaram nômades). A transposição didática é tomada emprestada de um sociólogo, Verret, que via nela um sinônimo de escolarização burocrática (Raisky, 1996, p. 41), o que lembra muito as críticas de alguém como Freinet e antecipa a conscientização dos didatas de que o saber científico é também um saber social. O contrato e a mediação vêm da filosofia e da psicologia; a situação-problema, da psicologia cognitiva; a representação, da psicologia social, a devolução, do Direito, etc. Na verdade, trata-se de conceitos específicos e, mais uma vez, o que reina então é o vago.

Enfim, será que podemos salvar a didática dizendo que seu método científico é específico? Nesse caso também, os debates nesse plano são comuns à pedagogia, às ciências da educação e às ciências humanas em geral. Encontramos nestas as mesmas oposições entre abordagens experimentais e abordagens experienciais, entre partidários do experimental e partidários da clínica, entre aqueles que querem ficar com a teoria e aqueles que exigem uma passagem pela prática. Não há um modo de estabelecimento da prova didática como tal. Aliás, as afirmações feitas a seu respeito ressoam os mesmos sons que são ouvidos sobre a pedagogia: Develay reivindica uma didática axiológica e diferenciada ("a Didática nasce da prática e a esta deve retornar, desde que faça um desvio axiológico. Sem o retorno à prática e sem o desvio passando pela axiologia, ela corre o risco de não passar de uma glosa"; 1994, p. 82). Perrenoud refere-se a "uma didática resistente a qualquer chão" (1994, p. 195) que leve em conta o sentido concreto para alunos concretos (e não um sentido ideal para sujeitos epistêmicos). Halté exige dos professores que estes façam didática, que a pensem, que a produzam em vez de consumi-la (1992). Nesse caso também não há diferença entre pedagogia e didática (se excluirmos a questão dos desafios institucionais). A conclusão se impõe: no final das contas, a didática é uma pedagogia da distinção. Oscilando entre recusa e assunção da pedagogia, ela toma parte, assim como a filosofia da educação e as ciências da educação, na negação dessa mesma pedagogia.

As novas tendências da negação da pedagogia

As negações da pedagogia que acabamos de destacar certamente estão sempre presentes. Elas agem mesmo que apenas institucionalmente, mas às vezes sua argumentação se faz mais sutil. São esses novos deslocamentos da negação que vamos rapidamente apontar agora, por meio de temas que tendem cada vez mais a se impor e dentre os quais alguns poderiam nos fazer acreditar em uma melhor compreensão da pedagogia mas que não passam de um falso reconhecimento. Vamos destacar então quatro aspectos: o saber prático, os saberes de ação, a pedagogia como discurso e a especificidade das ciências da educação.

O saber prático

Dentro do par teoria-prática, hoje se admite cada vez mais que a prática produz muitos saberes a serem reconhecidos. Poder-se-ia então crer que, com isso, há um reconhecimento da pedagogia. Ora, não é nada disso: trata-se de um meio de relegar a pedagogia, como ato, a um plano subalterno, e de afirmar a superioridade do saber "científico" (como método de pesquisa reconhecido). O saber científico admite que o ato pedagógico produz saberes práticos que têm sua própria ordem, mas, ao mesmo tempo, concebe que somente o seu saber é "verdadeiro", pois o que caracteriza os saberes práticos é o fato de eles serem da ordem da arte ou da experiência cega. A especificidade do saber pedagógico desaparece assim no entremeio. Está fora de questão considerar o saber pedagógico como teoria do ato educativo, teoria da prática, compreensão da prática e elaboração da teoria ao mesmo tempo.

Reconhecer que a pedagogia (não) é (senão) um "saber prático" é, portanto, uma faca de dois gumes. Para os defensores do "saber teórico", é um meio de desconsiderá-la (não-científica, não-filosófica, não-didática). Estamos aqui diante da dupla inversão do movimento anterior, que pretendia reduzir a pedagogia a um saber científico aplicado. Ora, é preciso considerar que o fato de a pedagogia estar indissoluvelmente ligada à prática não a torna cega ou ofuscada; ela produz incontestavelmente um saber pedagógico além dos saberes práticos. Há uma multidão de pessoas bem-intencionadas para pensar a pedagogia (fora de si mesma), mas muito poucas para aceitar que o pedagogo pensa e se pensa. Ora, o pedagogo é um intelectual, desenvolve idéias em relação a seus próprios atos, produz finalidade ligada aos atos. De certa maneira, o pedagogo recusa o especialista, reconhece o profissional e "pratica" o intelectual. Ele tem idéias, e não apenas um saber-fazer; é um teórico da educação, e não só um especialista em ação. Não produz apenas um saber da educação, mas também, nesse movimento, um saber sobre a educação, ou seja, um sistema e um sentido.

Os saberes de ação

Embora tantos teóricos da educação não cessem de repetir que são práticos do discurso teórico, ou ainda, que também têm práticas de ensino e de formação (o que significa confundir os níveis de prática), o saber prático, hoje em dia, tende cada vez mais a esmorecer diante dos saberes de ação (Barbier, 1996). Trata-se de uma evolução capital? Um deslize no máximo. Insiste-se certamente nas tensões entre as lógicas de ação e as lógicas de conhecimento: os problemas de ação situam-se como locais e efêmeros, enquanto que o conhecimento se baseia na universalidade das leis e na transferibilidade das soluções; a complexidade da ação ultrapassa qualquer modelo explicativo, sem que se possa realmente saber se os resíduos explicativos são secundários ou não; a ação é suscetível de juízos diferentes e irredutíveis da parte dos atores, enquanto que a racionalidade científica quer impor-se a todos indistintamente.

Do mesmo modo, o reconhecimento dos saberes de ação, dos saberes operatórios, tende a corrigir a assimetria habitual da relação entre pesquisadores e atores (a desvalorização do ator está inscrita nessa representação do saber que vai no sentido da ignorância). Quando um pesquisador se dirige aos profissionais, fala-se em formação, especialização ou vulgarização. Mesmo na pesquisa-ação, interessa-se por eles com a idéia de que vai permitir-lhes revelar as dimensões ocultas dos mesmos, para que, dessa forma, se veja com mais clareza as insuficiências de suas análises ou as competências imprevistas de suas escolhas.

Mas será que se chega a ponto de aceitar a especificidade da pedagogia? Pode-se duvidar disso. Alguns, como Schön, parecem descobri-la na base da questão da formação e do saber profissional. O único problema é que eles parecem descobri-la. Criticando o modelo tradicional entre pesquisa e prática que estrutura o modo de formação profissional, Schön sustenta que os profissionais podem tornar-se pesquisadores reflexivos em situações de incerteza, instabilidade, singularidade e conflito: "A pesquisa faz parte das atividades do profissional... Não se trata em absoluto de um "intercâmbio" entre pesquisador e profissional em prática ou de uma "concretização" dos resultados de pesquisa... Aqui o intercâmbio entre a pesquisa e a prática é imediato, e é a reflexão durante a ação – e *sobre* a ação – que conta" (1996, p. 212). Vistos a partir desse ângulo, os saberes de ação vão ao encontro da pedagogia, mas permanecem aquém da mesma. Há o reconhecimento de que os profissionais em prática podem pensar, mas... não demais! Em outras palavras, correm o risco de ficar limitados a um pensamento do saber-fazer em educação, ao reconhecimento de um saber de experiência prática. Ora, os pedagogos vão além disso: aquilo que nos oferecem é também um pensamento da educação. Não se limitam a uma gramática da experiência, fazem literatura.

A pedagogia como discurso

E, justamente, tratar a pedagogia como literatura (mas em um sentido diferente) é mais um meio de negar sua especificidade. De certo modo, encontra-se aqui a tradição da retórica em educação que, como sabemos, é muito florescente. Mas qual será seu resultado? Anular a pedagogia. Quando a ciência do discurso diz a verdade, ela procura mostrar que o discurso sustentado pelos pedagogos não é verdadeiro, anula a verdade em pedagogia. Tudo isso porque o ato se reduz à palavra. A desconstrução da palavra volatiliza o ato. A pedagogia não é senão um discurso; ora, em educação, um discurso não "vale". Como a realidade textual é fundamental em todos os saberes sobre a sociedade, esta pode ser lida como um texto (Geertz, 1996). Entretanto, do fato de os pedagogos produzirem textos, e do fato de que toda realidade está inserida na linguagem, será que podemos deduzir que toda pedagogia *é* um texto e *não é* senão um texto? Podemos reduzir a história das idéias e das práticas pedagógicas a um gênero literário? Podemos volatilizar o fazer no dizer? Não. Tratar os textos pedagógicos como textos literários não descredita o saber pedagógico, permite simplesmente ver como ele é produzido e como se apresenta.

Observemos, aliás, que tal redução retórica da pedagogia, abolindo um dos termos, chega, de certo modo, à distinção clássica entre a pedagogia como um fazer (técnicas cujo critério é a eficácia e que, enquanto tais, têm sua ordem respeitável mas menor) e a pedagogia como um dizer, que, por sua vez, aspira à verdade ao passo que não é senão "pedagogismo" ideológico, mistificador e perverso. A partir dessa perspectiva, a pedagogia não poderia ser um discurso verdadeiro. Ela não passa de um subsaber dividido entre a bricolagem do fazer e a metáfora do dizer. Ora, como observa Monjo (1997), convém talvez retomar a distinção que Habermas faz entre verdade e objetividade, para alicerçar a pluralidade das acepções da noção de verdade e dos "interesses de conhecimento". Nesse caso, trata-se de considerar o discurso pedagógico como um discurso verdadeiro ou, pelo menos, como um discurso que expressa legitimamente aspirações à verdade. A partir dessa perspectiva, Pestalozzi, Freinet, Freire, Oury e todos os outros não se teriam contentado em nos contar somente histórias. Nesse caso, a abordagem clínica também não deve ser totalmente excluída da relação com o verdadeiro.

A especificidade das ciências da educação

A última negação que vamos destacar refere-se às tentativas epistemológicas atuais para definir a especificidade das ciências da educação. Vamos privilegiar a abordagem de Charlot (1995). Levando em conta que uma ciência deve produzir inteligibilidade além da eficácia ou da simples reflexão sobre as práticas, que a unidade das ciências da educação não pode se ater a um objeto (a educação) ou a um sistema (a conjunção das abordagens das diferentes ciências sobre a educação), o autor considera que só uma abordagem específica de racionalidade pode justificar as ciências da educação. Ora, não podemos limitar-nos a dizer que as ciências da educação só existem para produzir saberes rigorosos sobre a educação, pois esses mesmos saberes não podem ser abstratamente dissociados das finalidades, das práticas e das técnicas. Finalidades, práticas e saberes participam de um jogo constante, e é exatamente isso que as ciências da educação devem pensar e produzir. Eis a especificidade das ciências da educação: ser o espaço rigoroso em que se organiza a confrontação dos saberes, das práticas e das finalidades. "Em suma, as ciências da educação produzem saberes, constituem um discurso controlado por certas regras rigorosas e rompem com as evidências do senso comum. Elas têm uma especificidade, inclusive epistemológica, pelo menos potencial: podem pôr as finalidades e as práticas educativas à prova dos saberes e reciprocamente" (p. 43).

Permitam-nos então uma pergunta impertinente: será que esse espaço não foi sempre o da pedagogia? Isso significa que encontramos novamente a pretensão das ciências da educação de dizer a verdade da prática e da teoria prática que é a pedagogia. *Nihil novi sub sole*. Permanece subjacente a idéia de que a racionalidade dos pedagogos é insuficiente. Tal insuficiência é "enfim" atenuada pelas ciências da educação, que, dessa vez, "roubam" da pedagogia sua especificidade. Assistimos mais uma vez a uma assunção da pedagogia pelas ciências da educação.

Será que podemos compreender por que essa repetição da negação da especificidade da pedagogia pelas ciências da educação? Parece-nos que sim. Isso vem do fato de que, *in fine*, mesmo que estas sejam constantemente obrigadas a manter o discurso do rigor "científico", sua legitimidade nasce... da prática. O fato de se falar mais em demanda social não muda em nada. Alguns autores vão contentar-se em encarregar a prática de subsumir as teorias científicas plurais fragmentadas da educação. Charlot vai mais longe ao falar de epistemologia específica, mas isso acaba sendo a mesma coisa. As ciências da educação são, ao mesmo tempo, uma recusa e a impossibilidade de recusa da prática, uma resolução e a impossibilidade de resolução da prática. Daí a tentação permanente da recusa da pedagogia e da impossibilidade de recusa daquilo que ela representa.

Há uma certa complexidade nessa relação indissociável e inassimilável entre atos e fins, ação e compreensão, saberes de ação e saberes teóricos que as ciências da educação, sob suas diversas "pretensões epistemológicas", procuram "tomar", compreender, fundamentar e explicar. Em relação à pedagogia, há uma curiosa mistura de fascínio, recusa, redução e assunção. É realmente espantoso ver como os especialistas das ciências da educação, em sua diversidade e em seus desacordos, desejam encontrar nas ciências da educação as "qualidades" da pedagogia, aquilo que constitui sua essência: complexidade, articulação teoria-prática, determinação da ação, limites...

O fracasso da formação pedagógica

Pode-se considerar a formação como o carrasco da educação. O que caracteriza o carrasco é o fato de obstinar-se tanto a fazer falar quanto a negar, tanto a fazer confessar quanto a decapitar. Ora, essa imagem adapta-se perfeitamente à formação pedagógica. Vamos considerar que, por não respeitar a natureza da formação pedagógica, a formação habitualmente falha na educação daqueles que forma, mas ela tanto menos o admite por ter a justificação de fazer melhor ou fazer com que se faça melhor. Privilegiar tal pista permite examinar a especificidade da formação pedagógica. Vamos privilegiar a questão da formação pedagógica inicial, pois ela parece ser muito mais delicada que a questão da formação permanente, do ponto de vista da natureza da formação pedagógica. As considerações vão abordar duas fases: a natureza da formação pedagógica inicial e a natureza da formação da razão prática.

Natureza da formação pedagógica inicial

Partiremos de uma constatação feita em resposta à seguinte pergunta: o que é que a pesquisa pedagógica contemporânea nos ensina sobre a formação inicial? Devemos saber que tal resposta concerne especificamente à formação dos professores, a qual, no estado atual das coisas, dura dois anos. Porém ela se impõe para todos os setores em que se pretende formar educadores, pedagogos e professores de prática de ensino. Diz respeito tanto aos dispositivos quanto à reflexão sobre a formação pedagógica. Tomaremos essa constatação de um especialista consagrado nesses problemas, a saber, Huberman. O que concluía ele? O seguinte: "A pesquisa empírica atual tende a confirmar a idéia de que a formação inicial, em sua forma usual, é relativamente inoperante. Essas pesquisas se tornaram relativamente redundantes, ou seja, produzem dados semelhantes em contextos diversos, em momentos diferentes e por métodos de sondagens muito variados. Existem também pesquisas que indicam dispositivos mais adequados... Entretanto, tais dispositivos permanecem na periferia das instituições principais, provavelmente porque requerem grandes reestruturações que ultrapassam as energia e as vontades das instituições estabelecidas" (1987, p. 13).

Eis alguém que, pelo menos, teve o mérito de ser claro: a formação pedagógica inicial é inoperante! E não podemos liquidar a questão de uma vez por todas afirmando que só pode sê-lo, mesmo que a solução seja elegante, pois, seja como for, alguns lugares têm muito bem como função essa mesma formação pedagógica. Supondo-se que tal formação não possa ser senão inoperante, o que também se pode sustentar sob um certo ponto de vista, resta determinar até que ponto deve sê-lo. Estamos então diante de uma crítica pelo menos indireta da formação inicial, sobretudo no que concerne à gestão pedagógica do grupo.

É certamente possível que um iniciante nunca esteja "bem" preparado, que assumir uma função seja sempre um choque que representa um salto qualitativo importante, seja qual for a qualidade da formação recebida. Ainda segundo Huberman, isso não impede que se saiba como favorecer um pouco mais lento. Vários estudos mostram que a formação inicial pode destinar-se a um atendimento que suscite muito menos preocupações iniciais (e não venham dizer que a qualidade da intervenção está ligada à mais forte dose de preocupação!).

Limitemo-nos a destacar muito rapidamente três características que permitem definir tais formações. Em primeiro lugar, trata-se de um dispositivo "clínico" de formação que permite ao futuro interventor enfrentar situações reais, individuais ou coletivas, para as quais estabelece o seguinte ciclo: diagnóstico, hipótese, decisão, intervenção, controle dos efeitos. Os candidatos devem poder observar-se fazendo, obter um *feedback* e, sobretudo, poder refazer e obter um novo *feedback*. Portanto, não basta treinar, observar o outro, pedir ou receber um *feedback*, é preciso ainda poder discutir sobre questões ou observações precisas (é o que condena a maioria dos estágios e acompanhamentos de estágios atuais). Em segundo lugar, parece que a responsabilidade deve ser assumida de modo progressivo. O sistema estágios/formação metodológica (lições-padrão)/ formação teórica (aulas ou debates) é inadaptado, pois faz dos estágios exercícios de "sobrevivência" que levam a um pragmatismo generalizado, e não a um profissionalismo com diversidade; quanto aos ciclos teóricos, na maioria das vezes desconexos de uma vivência, eles têm sobretudo um caráter de oásis. A seqüência que leva o candidato ao domínio progressivo da animação é antes a seguinte: períodos de observação, períodos de atendimento mínimo (um aluno, um grupo, uma oficina), períodos de atendimento mais amplo, períodos de atendimento completo, tudo isso com uma supervisão constante e estruturada. E, por último, observamos que o atendimento inicial se dá de modo muito menos problemático quando o jovem em formação dispõe de uma variedade de modos de animação de grupo. Enfim, pode-se dizer que, mesmo que o quadro dos resultados da formação pedagógica inicial seja sombrio, pode-se ainda ter esperança. Algo é possível.

Depois de termos examinado a constatação do fracasso das instituições atuais da formação inicial, podemos ir mais adiante, preocupando-nos com o próprio termo pedagogia, visto que é ele que justifica o empreendimento da formação pedagógica. Afirma-se que o saber pedagógico existe, tem uma especificidade, é problemático e muito frágil. Pode também perder-se em cinco ilusões de saber ou de saber-fazer. Isso permite lançar a questão daquilo que dá competência para formar, daquilo que "qualifica" um formador.

A primeira ilusão do fundamento do saber pedagógico é a do saber disciplinar: sou "especialista" em tal matéria, por conseguinte, sou "especialista" no saber-fazer dessa matéria ("sei" psicologia infantil, portanto, sei como fazer com que os estagiários a adquiram). A segunda ilusão é a do saber didático: sou especialista na compreensão de como-saber-fazer tal saber disciplinar e, por isso, posso daí deduzir o saber-fazer do saber (sei como funcionam as concepções dos alunos em tal área, portanto, sei como fazer com que sejam levadas em conta na vivência da sala de aula). A terceira ilusão é a do saber das ciências da educação: sou capaz de compreender como funciona, sob este ou aquele ângulo, nesta ou naquela ótica, a situação educativa; posso então explicar o saber-fazer e talvez até mesmo orientar esse saber-fazer com conhecimento de causa ("sei" psicologia infantil, portanto, sei como fazer com que os formandos se saiam bem com as crianças). A quarta ilusão é a do saber da pesquisa: sei como fazer compreender, por intermédio deste ou daquele instrumento qualitativo e/ou quantitativo, e considero que esse saber-fazer é um bom meio de descobrir o saber-fazer, como se a experiência se reduzisse ao experimental ("sei" construir e avaliar com precisão, em termos de referenciais de objetivos ou de competências, o projeto de uma pessoa ou de um estabelecimento, portanto, sei ensinar a fazer funcionar uma sala de aula ou uma instituição). A quinta ilusão é a do saber-fazer: em minha situação de enquadramento, dou ou dei provas de meu saber-fazer e, portanto, sou qualificado para o fazer-saber (sou ou fui um bom professor ou diretor, então sou qualificado para formar os outros).

Se, por um lado, o saber pedagógico pode enriquecer-se com esses diferentes saberes, não pode, por outro lado, reduzir-se a eles, pois tem uma especificidade. Basear uma formação nessas competências é não respeitar a natureza do saber pedagógico. Mas cuidado! Isso não significa de modo algum que, nos organismos de formação, não haja saber de aquisição. Afinal de contas, quando se discutem essas ilusões, o saber de aquisição talvez não possa ser desprezado. Um professor encarregado da formação vai tornar seus estagiários muito bons no que diz respeito às fases do desenvolvimento infantil, às teorias da aprendizagem, às representações dos alunos ou às tipologias da violência. Diretores serão capazes de enunciar um projeto educativo de modo adequado e ponderado. Esses saberes não prejudicam. Entretanto, do ponto de vista da prática pedagógica, não "servirão" para nada, não terão utilidade, não instrumentarão o como-fazer. Passa-se, portanto, à margem de uma formação pedagógica propriamente dita.

Um estagiário poderá até mesmo ficar muito satisfeito com sua formação na instituição, do ponto de vista dos saberes ou da experiência de grupo que adquiriu. Resta que tais saberes não lhe concernem como aprendiz, condição que, no entanto, constitui o sentido de sua presença em tal lugar de formação. E é nesse ponto que tocamos no caráter inicial da formação pedagógica sob um aspecto essencial: os aprendizes só podem crer no que lhes é dito e aproveitar o que lhes é mostrado se isso for diretamente ao encontro do que fazem ou se isso os inscreverem no que fazem. Somente o fazer deles pode comprovar e fazer sentido. Mas, afinal de contas, isso não é normal? Eles estão lá para serem intimados a fazer e, portanto, para adquirirem esse saber-fazer problemático, para elaborarem seu saber a partir de seu saber-fazer. A formação pedagógica inicial não pode, logo, violar a natureza da pedagogia, se quisermos realmente considerar que essa é a abrangência mútua da teoria e da prática pela mesma pessoa, sobre a mesma pessoa. Se os cinco procedimentos que acabamos de apresentar funcionam como ilusões nesse caso, é exatamente porque não respeitam a natureza da formação pedagógica inicial. Isso faz com que os pedagogos, formadores ou formados, tenham muita dificuldade de situar-se.

Um futuro pedagogo só pode constituir seu saber-fazer a partir de seu próprio fazer; é somente sobre essa base que o saber, como elaboração teórica, se constitui. Não se pode curto-circuitar tal base. Os jovens saem em busca de "receitas", "rotinas", ferramentas pedagógicas que lhes permitam reconhecer um primeiro saber-fazer, um certo saber-fazer. Os jovens em formação precisam adquirir aquilo que não têm, a saber, "experiência", entendida como o conhecimento adquirido pela prova pessoal que se faz das coisas da educação. Pensamos que se pode até dizer que a especificidade de uma formação pedagógica, seja ela inicial ou contínua, não está em refletir sobre o que se vai fazer, tampouco sobre o que se deve fazer, mas antes refletir sobre o que se fez. Aliás, os movimentos pedagógicos se dão sobre essa base.

Em pedagogia, a experiência é primeira, mesmo para um iniciante, sobretudo para um iniciante. Portanto, será útil e motor tudo aquilo que suscitar experiência para um aprendiz, ou seja, um saber-fazer que envolva pelo menos três elementos: primeiro, um saber do saber-fazer (em tal situação, agi daquele modo e deu tal coisa); segundo, um saber para o saber-fazer (tal experiência realizada em tais circunstâncias talvez seja transponível para tais outras situações); terceiro, um saber a partir do saber-fazer, saber que remeta àquela reflexão e àquela teorização próprias da articulação teoria-prática em pedagogia. A experiência é, então, ao mesmo tempo uma condição prévia, um meio e um fim da formação inicial.

Natureza da formação da razão prática

É preciso então pensar a formação como experiência. Diferentes correntes inscrevem-se naquilo que chamamos de formação "experiencial". Isso é o que Rousseau já reivindicava em sua educação pelas coisas, que se distingue tanto da simples maturação quanto da educação pelos homens. Não nos enganemos contudo: a formação pela experiência não elimina o formador, ela o desloca simplesmente no dispositivo de formação. Os formadores estão sempre presentes, mas estão a serviço daquilo que surge pelo dispositivo experiencial implementado (o qual nunca é um dispositivo experimental no sentido científico do termo).

Quais são as características de tal formação experiencial? Em primeiro lugar, a experiência é englobante, é um processo que envolve todas as dimensões da pessoa (o afetivo, o racional e o corporal sempre estão estreitamente ligados). A pessoa que está em formação vai se apresentar como "maciça", plena de sua realidade, portadora de toda a sua vivência, pouco distanciada de todo o seu mundo. Em segundo lugar, a experiência articula continuidade e rupturas, capitalização da aquisição e prova da novidade, destruição da vivência imediata e reelaboração reflexiva, resistências às conscientizações e aberturas para incertezas. Em terceiro lugar, a formação experiencial se opõe à formação institucional, visto que a última parece separar a aprendizagem da experiência, fazer com que a experiência (estágio prático) seja antecedida por aquilo que se apresenta como um aprendizado, uma preparação (estágio teórico), pronta a querer em seguida "retomar" a experiência em uma nova aprendizagem (estágio de aperfeiçoamento, aprofundamento ou especialização).

Ao mesmo tempo, essa noção de experiência é ambígua, pois remete tanto ao experimental quanto ao experiencial. O primeiro funciona sobre o paradigma da experimentação científica, o segundo, sobre o paradigma hermenêutico, que, por sua vez, se trata de uma busca do sentido. A estrutura atual da formação inscreve-se no paradigma experimental (saber-aplicar-controlar). Por quê? Porque a corrente dominante da Educação Nova era dessa ordem. A psicopedagogia era a prova disso. Os estágios foram instituídos para formar os futuros professores e educadores. Que assim seja. Mas qual foi o modelo de formação subjacente? O modelo experimental que supõe que se parta de saberes estabelecidos para fazer com que os estagiários os adquiram em um lugar específico adequado (a formação teórica – e a palavra teórica assume aqui todo o seu sentido), a fim de que possam aplicá-los (reutilizá-los de modo adequado) no momento de fazer a experiência (estágio prático).

Será que tal esquema de formação exclui totalmente o saber experiencial ao longo da formação teórica? Não, se o estagiário já tiver uma experiência real da realidade educativa para a qual se prepara. Nesse caso, aliás, trata-se mais de um processo de formação pedagógica permanente do que inicial, o que permitiria ao dispositivo encontrar e manter seu sentido. Porém, quando o estagiário tem apenas uma experiência prévia muito restrita e limitada daquilo a que remete a formação, o modelo de formação experimental revela-se rapidamente inadequado em termos de formação pedagógica (não obrigatoriamente em termos de necessidade institucional). Isso quer dizer que nenhuma experiência é adquirida no estágio prático? Nada disso, mas talvez não seja aquela que se esperava e, muitas vezes, será tarde demais para problematizar a experiência e fazer dela a base da formação. Aliás, é preciso lembrar que, na própria Educação Nova, algumas correntes recusaram o modelo experimental para pregar o modelo experiencial; muitas correntes pedagógicas ainda vivas são prova disso, quer seja Freinet, Oury, GFEN ou alguns outros.

Quando se está inscrito em um modelo experiencial de formação, não se dá prioridade (no sentido de primeiro momento do dispositivo) ao saber sobre a realidade a ser levada em conta, e sim à confrontação com essa mesma realidade. Longe de ser expulso, aquele que forma tem pelo menos uma dupla função: impedir que a realidade seja esquecida, encoberta pelo fático, colocar o formando em contato com uma realidade, de um modo diferente do modo da antecipação, da previsão ou da projeção. Isso significa que, no próprio ato de formação, tem-se uma tríade (imediatamente presente): formador/ estagiário/ realidade. É esta última que enuncia os termos do problema, e não aquele que forma. Na exploração dos elementos e das exigências da situação que o professor encarregado da formação possibilita, o estagiário é, na verdade, confrontado com a realidade e não com aquele que forma como tal. Isso permite evitar as armadilhas da relação dual, o enfrentamento de duas vontades ou o jogo de espelho de duas fantasias. Mediações são assim criadas. A dissimetria formador/formando certamente faz parte da ordem das coisas, mas corre o risco de esgotar-se na constatação de uma superioridade de saber que não poderia por si só justificar algum poder. Uma formação experiencial pode ser descrita como o conjunto das situações em que os formandos, por intermédio dos formadores, podem fazer a experiência da realidade.

A formação pedagógica supõe, por conseguinte, que se permaneça na ordem da razão prática. Trata-se de considerar os dois termos, razão e prática, e não reduzir um ao outro. Em contrapartida, isso significa que a formação não é primeiramente da ordem da razão teórica, ou seja, ela não é antes de tudo saberes elaborados pelas diversas ciências. A razão prática diz respeito à ação sensata em geral e à formação em particular. Entre o racional (técnico-científico) e o irracional (o incognoscível ou o manipulável) pode-se encontrar o campo do razoável. O termo *praxis* designa o que se entende por razão prática; o saber pedagógico é dessa ordem. Não há ciência da *praxis* que basearia um fazer (e um saber-fazer) transparente e cientificamente alicerçado. A *praxis* é da ordem do imprevisível e da opacidade. Exige certamente lucidez e reflexão, mas jamais é a aplicação de um saber anteriormente formado e completo. Longe de constituir um pré-requisito, a teoria emerge antes da própria atividade, em uma dialética entre elucidação e transformação do real. Na formação, a realidade é contingente e sua compreensão permanece verossímil. É a prudência (não-temerosa!) e não a ciência que está no princípio da ação sensata. A formação deve, pois, respeitar a própria natureza da razão prática.

Podemos agora considerar que, quando a formação se coloca como o meio da educação e quando essa mesma formação não respeita a especificidade da formação pedagógica, ela participa do processo de negação da pedagogia e, sendo assim, é um meio de reduzir a educação querendo fazê-la admitir que a mesma é teoria pura, ciência ou técnica. A formação torna-se assim carrasco da educação quando não respeita a natureza do processo pedagógico. Não seria esse, infelizmente, o caso mais freqüente?

Porém, a propósito, quando se fala em formação pedagógica, que agrega o termo formação ao termo pedagogia, será que não se está designando o processo como tal, caso em que é a própria natureza da pedagogia que é então visada? Isso equivaleria a dizer que o termo formação é apenas um duplo da pedagogia. Falar de formação não é senão um meio de designar o processo pedagógico, porém sem falar dele, para negá-lo ou sublimá-lo. Então devemos chegar a ponto de considerar que a formação é o carrasco da pedagogia? Seria o meio de fazer-se passar por esta última, abandonando-a, ao mesmo tempo, ao esquecimento.

A manutenção do mal-entendido

Pode-se assim compreender o fato de a pedagogia ser constantemente ameaçada de cair no mal-entendido. É muito mais fácil negá-la do que respeitá-la. Se sua natureza não é assumida, se sua especificidade não é reconhecida, se sua formação não é assegurada, ela só pode ser assimilada no mal-entendido. E o mal-entendido gera mal-entendido, o alimenta e o mantém. É o que podemos apreender de modo caricatural na seguinte dupla afirmação: os professores não gostam dos pedagogos; os pedagogos não gostam dos professores. Vamos analisar cada um desses aspectos em espelho.

Os professores não gostam dos pedagogos

Como vimos, as quatro características (ação, enraizamento, ruptura, mediocridade) que definem a pedagogia são bem-identificáveis e, desse modo, fontes de interesse e de influência em mais de um aspecto. Pouco importa, pois também podem permitir compreender **as resistências que suscitam**. A ação dos pedagogos remete certamente à ação educativa que cada um exerce, mas não pode deixar de ser situada e assim reconhecida como muito particular, dificilmente generalizável. Jamais encontraremos uma correspondência termo a termo entre a nossa situação e a que foi a deles, de tal modo que sempre podemos decretar que seus atos, e portanto sua pedagogia, não são transferíveis. Sua obstinação por agir, por mudar, vai inclusive parecer suspeita para aquele que está dentro de uma determinada instituição e que, no fim das contas, não se sai tão mal. Por que então seria preciso buscar uma ação diferente quando já se está agindo? Até mesmo porque esses pedagogos estão enraizados em sua época e em suas problemáticas. Ora, tal época não existe mais: as questões não são mais as mesmas, as palavras não são mais ditas de modo semelhante, as referências evoluíram, as ciências de referência não são mais idênticas. Enfim, será que ainda se pode ter algo em comum com esses pedagogos de um passado ultrapassado, para não dizer acabado?

Quanto à característica das rupturas, esta também cria fenômenos de resistência. O pedagogo que se anuncia e se declara não pode deixar de parecer radical; parece tudo rejeitar nos valores do tempo e tudo querer reconstruir sem que se possa apoiar em provas tangíveis. De certo modo, ele precisa questionar tudo por meio de uma crítica "excessiva". Ora, os profissionais, por sua vez, mesmo aceitando uma forma de questionamento, temem, acima de tudo, o horror do vazio criado pela recusa em bloco do sistema no qual se encontram, pois afinal de contas, sabem o que perdem, mas não sabem o que ganham, e qualquer mudança de terreno pode tornar-se um mercado de tolos. Aliás, será que não há uma contradição entre o anúncio de uma pedagogia tão diferente e aquilo que se pode ver da nova ação pedagógica, a qual, como se sabe, também é medíocre? A hesitação, a fragilidade do que se anuncia tem dificuldade de fazer oposição às práticas correntes que, mesmo não sendo muito satisfatórias, pelo menos têm o privilégio de serem dominadas. A mediocridade experimentada não seria, no fim das contas, menos medíocre do que a mediocridade anunciada e percebida particularmente como portadora de insegurança?

Por definição, toda pedagogia é insatisfatória e insatisfeita, pois ela é ação, portanto gestão e escolha de certas variáveis. É impossível levar em conta todas as variáveis da situação educativa e, no entanto, para agir, é necessário considerar algumas. Uma pedagogia vai então privilegiar alguns elementos da situação em detrimento de outros. Isso faz com que toda pedagogia seja limitada e não possa deixar de ter consciência de seus limites. Ela sabe que a solução de seus próprios limites está nas outras pedagogias, mas, ao mesmo tempo, tem consciência de que entrar em uma outra prática pedagógica significa renegar-se a si mesma e, com isso, deixar sua própria zona de certeza. Ora, não é essa zona de certeza que a nova pedagogia denuncia? Em nome do que se deveria renunciar a ela? Ela não foi experimentada? Não está apoiada e confirmada pela experiência? O que é que um outro pedagogo poderia opor a uma tal experiência, a não ser suas próprias afirmações, que, pelo menos no que nos diz respeito, não vêm da experiência? Nem a palavra nem a promessa se mantêm diante da certeza da experiência. Em um certo momento, as práticas e as opções pedagógicas não são complementares, e sim exclusivas. Não podemos reunir as pedagogias, pois seus princípios são opostos.

Além disso, os **princípios** da outra pedagogia que se anuncia são muitas vezes **radicais** e inteiros. Citemos alguns exemplos. Montessori cerca sua prática pedagógica da primeira infância por um espiritualismo desenfreado e exagerado. Fröbel só concebe sua pedagogia do jogo para a criança pequena como um elemento de sua teoria da esfera. Para ele, a educação é um processo de apropriação idealista do mundo pelo homem, e ele não concebe a prática pedagógica senão como um meio de realizar suas perspectivas metafísicas e religiosas. Freinet, por sua vez, quando cria o movimento da escola moderna, o faz em uma perspectiva política deliberadamente revolucionária. Quando ele ataca a pedagogia tradicional escolástica, é em nome da condenação de uma sociedade burguesa liberal. Ferrer caíra sob o peso da repressão política, que quer assim tomar um exemplo em sua luta contra o anarquismo; entretanto, para o pedagogo catalão, a escola é um lugar de combate político e de libertação das consciências do jugo da opressão dominante. Poderíamos assim multiplicar as provas do caráter absoluto dos pedagogos: não concebem de modo algum a pedagogia como uma esfera à parte e autônoma. Portanto, endossar novas opções pedagógicas supõe que se assumam posturas políticas, espirituais, filosóficas ou religiosas. Nessas condições, como se surpreender que muitos recuem enquanto é o momento de avançar e mesmo quando as propostas pedagógicas seduzem?

Isso quer dizer que as propostas pedagógicas novas estão condenadas a ser recusadas, exceto por um círculo restrito de discípulos? Na maioria das vezes, de fato, as novas pedagogias permanecem minoritárias em relação ao pensamento e à prática profundos. Em certos casos, trata-se de uma recusa deliberada de uma concepção diferente, mas também, muito freqüentemente, da recusa de se tornar militante para preservar a tranqüilidade de sua existência. Em contrapartida, uma "**falsa**" **assimilação** de superfície pode ocorrer em muitos casos, seja no plano teórico, seja no plano prático. No nível dos discursos, constata-se, de fato, que a roupagem das práticas muda sem que os atos se modifiquem. É estranho constatar o quanto a prática tem permanecido tradicional, sob uma justificação encontrada nas idéias da Educação Nova. E isso não é novidade, já que, desde Jules Ferry, os textos oficiais da educação nacional foram marcados pelas idéias dos grandes pedagogos "contestadores". A administração foi, é e permanece muito adiantada em relação às práticas reais. Um último exemplo pode ser encontrado na moda dos objetivos pedagógicos, os quais obrigaram a maioria a expressar de modo diferente suas práticas sem, contudo, modificá-las. Entretanto as mesmas podem mudar, mas de modo superficial na maioria das vezes. Pode-se, por exemplo, reconhecer a influência de Decroly nas plantas e nos animais encontrados em algumas salas de aula, mas é apenas um desvio de Decroly, pois a prática, a que enseja a presença desses elementos pedagógicos, faria ficar vermelho de vergonha um decrolyano convicto. Podemos também dizer que o uso do texto livre em muitas salas de aula cheira Freinet, mas também se pode apostar, sem correr o risco de estar enganado, que este ficaria aterrorizado ao ver o que se faz com tal texto diariamente. Em resumo, tanto no nível das teorias quanto no das práticas, tem-se o costume de fazer crer que se muda para tentar, sobretudo, não mudar.

Em pedagogia, como afirmou Meirieu, é natural não fazer o que se diz. Isso para ressaltar que se tem tendência a opor a onipotência da justificação à mediocridade da ação. Os grandes princípios, por sua vez, não podem ser questionados e atacados. Podem, pois, servir de camuflagem e de processo de defesa diante das dificuldades diárias da ação. É nesse sentido que os grandes pedagogos são perturbadores, pois tentam conformar os atos com as palavras. Além disso, não hesitam em alterar radicalmente ambos. Entretanto, a perturbação que provocam pode ser recuperada... no nível do discurso. Basta então pronunciar palavras adequadas, "modernas", para fazer crer tanto ao outro quanto a si mesmo que a mudança nos conduz e nos define.

Ora, tal mudança não consegue se impor. Pode-se observar que a maioria das propostas e experimentações pedagógicas novas consistiram em **derrubar o processo "ensinar"** em proveito do processo "formar" ou do "aprender". O processo "ensinar" se constrói sobre a primazia da relação professor-saber, o processo "formar", sobre a relação professor-alunos (Korczak, Neill, Rogers, Makarenko), o processo "aprender", sobre a relação alunos-saber (Freinet, Decroly, Montessori, Dewey). Se o processo "ensinar" resiste com tanta força é porque se ancora no funcionamento dos professores que se definem, primeiro, pelo saber que devem dispensar e com o qual se identificam. A própria instituição vai privilegiar, de fato, essa relação em todo o seu funcionamento e em toda a sua organização (programas, exames, notas, etc.). Ela se diz a garantia da cultura e de sua transmissão; por essa razão, teima em conceber a escola em torno da relação professor-saber. Tudo o que puser em causa tal prioridade "fundadora" não pode senão parecer um escândalo e um perigo, mesmo que o discurso educativo oficial se diga muito mais aberto.

Os pedagogos, e sobretudo os grandes pedagogos, não têm assim muita chance. Na maior parte do tempo, não podem senão formar grupos isolados, pois o grande acontecimento pedagógico continua a ser pronunciado de outro modo. Entretanto isso só os faz ter mais mérito, pois é preciso ser singularmente firme e "insensato" para ousar enfrentar a prática e a palavra correntes. Militantes convictos e convincentes devem ser concebidos como resistentes. Em outras palavras, de certo modo, são eles os resistentes, os verdadeiros. Portanto, o que faltaria compreender é, antes de mais nada, por que são eles que, de repente, surgem como resistentes e não por que se resiste a eles...

Os pedagogos não gostam dos professores

Mesmo que tal afirmação se apresente como uma resposta pronta, ela não é desprovida de verdade. Estamos acostumados a dizer e ler que a imagem do professor se tem degradado recentemente. Ora, queremos insistir no aspecto inverso a partir de um ângulo muito particular, mas emblemático. Vamos assim mostrar que as considerações críticas dos pedagogos sobre os professores fazem parte de uma história muito antiga.

Queremos lembrar mais uma vez que definimos o pedagogo como um teórico-prático da ação educativa, ou seja, alguém que conjuga a teoria com a prática a partir de sua própria ação. Assim, devemos concordar que há grandes e pequenos pedagogos. Lembremos também, segundo D. Hameline (1985, 1993), que o pedagogo é marcado por três figuras pelo menos: é ao mesmo tempo profissional em prática, militante e especialista; aliás, poderíamos avaliar cada pedagogo a partir dessas três dimensões. De qualquer modo, nessas bases, um professor está longe de ser pedagogo, assim como um professor de história está longe de ser historiador. Tanto é que afirmar que o pedagogo não gosta dos professores equivale a perguntar de que é que o pedagogo acusa os professores. Para maior clareza, destacaremos quatro acusações principais, retomando as características centrais do pedagogo.

Para o pedagogo, o professor é imóvel

Em 1975, quando Avanzini publicou *Immobilisme et novation dans l'éducation scolaire*, de certo modo estabeleceu um corte entre pedagogos e professores, pelo menos segundo os pedagogos. O imobilismo, na verdade, tem vários níveis, pois se pode muito bem considerar que algumas mudanças não passam de meios de não-mudança (ver Cros, 1994). Para o pedagogo (assim como para o responsável administrativo?), em todo caso, as coisas não estão mudando rápido o bastante, tampouco radicalmente o suficiente.

Se eu (como indivíduo singular) me refiro à minha experiência de "pequeno pedagogo", constato que, como pedagogo, sei o que não quero e que muitos colegas parecem ainda querer; sei o que sei e/ou aquilo em que acredito e que meus colegas não parecem querer conhecer ou adotar; mas não sei muito bem como alcançar e realizar o "modo diferente" necessário, e constato que meus colegas não se preocupam em encontrar os meios, contentando-se com expedientes que não demonstram mais valor. O pedagogo, tanto o pequeno quanto o grande, sofre, espera, reconhece, esquece, inflama-se, parece absoluto, fracassa, tem êxito, mas clama contra a indiferença do *vulgum pecus* das instituições educativas.

O pedagogo vive na ruptura. Sua palavra de ordem é a mudança, sua urgência, sua necessidade e sua abertura. Poderíamos analisar os *Cahiers pédagogiques* nesse sentido. Seu lema já é um sinal: "Mudar a escola para mudar a sociedade, mudar a sociedade para mudar a escola". Será que ele é usurpado? De certa maneira não, pois sempre apresentam inovações, mudanças, realizações, fichas para mudar... Nesse plano, também poderíamos considerar o antigo Institut national de la recherche pédagogique (Instituto Nacional da Pesquisa Científica), pois é oriundo do museu pedagógico, que devia reunir os movimentos pedagógicos; os movimentos, portanto, e não os professores, mas realmente aqueles que tinham um projeto de movimentar os professores imóveis. Enfim, poderíamos nos referir àqueles que são considerados os grandes pedagogos e nos perguntar se sua grandeza não se deveria precisamente à amplitude de seu próprio movimento e do movimento que souberam suscitar.

Para o pedagogo, o professor não gosta do saber pedagógico

O que o pedagogo tenta elaborar é exatamente um saber do saber-fazer, um saber de como fazer saber. Ora, o professor, na maioria das vezes, parece contentar-se com um saber acadêmico que parece englobar o saber-fazer. O pedagogo gostaria de fazê-lo saber que o saber não pode substituir o saber-fazer. Trabalho perdido na maioria das vezes. Trabalho tão perdido que a própria palavra pedagogia parece pertencer à categoria dos ouropéis; e é preciso fazer um grande esforço de semântica para que seja aceita (falar-se-á em tecnologias educativas, engenharia da formação, metodologias de aprendizagem, didática, etc.)

O pedagogo deseja então estabelecer a realidade e a verdade do saber pedagógico. Mas o saber da prática pode originar-se em dois tipos de procedimentos, os do saber experimental ou os do saber experiencial. Como exemplo do saber experimental, tomemos Robin, que começa a ser redescoberto. Robin abre em Cempuis, sob a égide de pessoas como Buisson, um orfanato misto, no qual afirma aplicar o positivismo. Ele implanta muitos instrumentos de observação e de retificação que diz estarem em conformidade com a ciência e o progresso. O saber pedagógico é o fruto do plano positivista, ou seja, do saber sobre o saber. Infelizmente, a verdade da ciência não bastará para salvar Robin, que acaba sendo revogado pelo próprio Conselho de Ministros em 30 de agosto de 1894.

Outros pedagogos vão desconfiar tanto da recusa de saber dos professores quanto do saber científico-pedagógico de alguns pedagogos. Freinet é um deles. Lembrem-se de L'*Éducation du travail* (1946). Vemos Mathieu, um camponês manhoso, um homem que conhece o verdadeiro bom senso, nesse caso Freinet, pedagogo da escola moderna, "pedagogizar", com experiência refletida e engajada, um casal de professores de classes iniciais, senhor e senhora Long. Senhor Long representa antes a pedagogia tradicional, o saber escolástico; senhora Long encarna a educação nova, o falso saber científico-teórico em pedagogia. De qualquer maneira, para os pedagogos, existe um saber pedagógico elaborado por eles, que vão censurar os professores pelo fato de estes não quererem levá-lo em consideração.

Para o pedagogo, o professor não gosta das crianças

A grande maioria dos pedagogos condenou a repressão na educação. Ora, a própria prática revelou-se e revela-se repressiva na maior parte dos casos. O pedagogo vai denunciar a longa queixa da autoridade e dos castigos na escola. No fundo, ele censura os professores por não gostarem das crianças, por não gostarem nada ou por não gostarem como deveriam. O professor quer acima de tudo ser mestre, e isso o leva a precipícios fatais que a excelente obra foucaultiana de Prairat, *Éduquer et punir* (1994), descreve muito bem. Ouçamos Montaigne indignar-se diante do professor: "Então ele dilacera a chicotadas os pobres meninos e os humilha com seus clamores ultrajantes. Os coitados desperdiçam os melhores anos de suas vidas, e ele os faz pagar muito caro por sua crueldade" (p. 90). Os meios da repressão mudaram, mas a crítica permanece: por não gostar o suficiente das crianças, o professor fracassa em educá-los. Aliás, pode-se considerar que a pedagogia surge quando o cognitivo e o moral se dissociam, em outras palavras, quando o erro deixa de ser percebido como uma falta. O professor seria aquele que ainda não teria percebido a distinção ou, em todo caso, que não a teria realmente levado em conta. Quando nossos modernos didatas interrogam-se sobre a posição do erro na aprendizagem, tornam-se ainda mais pedagogos.

Em 1918, Roorda, pedagogo suíço, lançou um grito: *O pedagogo não gosta das crianças*. Na verdade, o pedagogo condena os professores: "As escolas atuais podem então contar com a aprovação de muitas pessoas sensatas... Pois a maioria das pessoas se interessam pouco pelo que ocorre no meio das crianças... O pedagogo não gosta das crianças. Não gosta delas o suficiente, já que não protesta contra o regime escolar ao qual são submetidas. Ao combater a pedagogia tradicional, não se está sozinho... Ao reclamar para os escolares um regime menos debilitante, estou de acordo com uma minoria otimista, sem desprezo pela natureza humana, que teme que, moldando muito bem a vida superficial dos jovens, a vida profunda deles será diminuída." (p. 9-13). O professor, de certa maneira, é incapaz de indignar-se, é antes um ser da resignação, e isso porque não gosta o suficiente das crianças para querer ser pedagogo. O pedagogo, por sua vez, é um insurgido.

Para o pedagogo, o professor não gosta de si mesmo

No fundo, o pedagogo acha que o professor não deveria gostar de si mesmo se tivesse um mínimo de consciência do que faz, ou seja, do que não faz. Um professor que se conscientiza, por menos que seja, é um professor que não pode mais se aceitar a si mesmo, não pode mais aceitar sua imagem cotidiana e, portanto, não pode mais gostar suficiente e inocentemente de si mesmo. O professor deveria sentir-se infeliz e culpado. Para o pedagogo, a ruptura é uma necessidade vital. Ele precisa poder continuar a aceitar-se restaurando sua auto-imagem. Neill, como todo o mundo, começou ensinando as crianças e batendo nelas; é exatamente porque não pode mais autorizar-se a isso que passa para o outro lado do espelho. Torna-se pedagogo.

Ao dar tal passo, o pedagogo certamente também vai encontrar o fracasso, mas este o mobilizará. O professor, por sua vez, recusa salvar-se e até mesmo ser salvo. Sofre às vezes, faz sofrer muitas vezes, queixa-se sempre, mas recusa mudar. Não gosta de si mesmo o bastante para isso. O pedagogo também desenvolve uma consciência infeliz, mas esta desemboca na necessidade da ação e da ruptura. Ele não quer trair suas opções, não quer trair a si mesmo, quer poder restaurar sua auto-imagem. Uma das mais belas ilustrações dessa consciência infeliz é sem dúvida *L'homme en proie aux enfants* (1909), de Albert Thierry, pedagogo atormentado, pedagogo da inquietação. Ele quer despertar as consciências, encontrar "o povo" e suas supostas virtudes naqueles "pequenos burgueses" que ele, o filho do povo em permanente perigo de traição à causa operária, está fabricando em sala de aula. Despertar as consciências não é fazer com que os futuros adultos se demitam ou se resignem, mas simplesmente fazer com que, uma vez tenham "chegado", como ele, nunca tenham a consciência tranqüila, não traiam.

Esse pedagogo da consciência e da infiltração não encontrou palavras duras o bastante para os professores. Julguemos por estas poucas frases: "Dogmáticos, livres-pensadores que pensam pouco e republicanos de um republicanismo tagarela, sua intolerância, sua impersonalidade repetitiva me estarrecem. Mas se eles consentirem, como alguns nos prometeram, em preocupar-se com os interesses do povo, em aproximar-se em vez de afastar-se dele para impor-lhe sua tirania pedante, conquistarão a mais difícil estima". O professor, por conseguinte, não deveria gostar de si mesmo. É justamente por não gostar de si mesmo como simples professor que o pedagogo trata de restaurar sua auto-imagem e remetê-la, ainda que seja como má consciência, a seus caros colegas.

Paremos por aqui. Quisemos mostrar que o pedagogo realmente tinha boas razões para não gostar dos professores. Talvez, fundamentalmente, por projetar neles aquilo que recusa da imagem que tem de si mesmo. De qualquer maneira, os professores, como vimos, têm igualmente boas razões para não gostarem dos pedagogos. E é assim que uma cultura do mal-entendido se mantém dia a dia na educação. Não basta lamentá-la, é preciso ainda vencê-la e combatê-la. E, portanto, compreendê-la em primeiro lugar. Porém compreender também não basta. Compreender permite engajar-se, engajar-se em situar, respeitar e promover a pedagogia. Enfim, engajar-se em **manifestar a favor dos pedagogos**, sem se contentar em manter o mal-entendido que a isola e a descredita, sem se contentar com o fracasso da formação, sem se contentar em renovar as imagens de sua negação, sem se contentar em afogar a pedagogia em uma definição generalizadora.

Não cabe aqui concluir, já que a conclusão está de certo modo incluída nos próprios termos do "Manifesto a favor dos pedagogos" e que o questionamento, a afirmação e o diálogo vão ser relançados graças às contribuições que virão a seguir. Limitemo-nos a lembrar, no final deste percurso, que o que queremos estabelecer, manter e defender é o fato de que a pedagogia representa um tipo de saber específico, oriundo de uma articulação singular e original entre:

– práticas constitutivas e indispensáveis,

- concepções científicas referidas aos diferentes domínios desenvolvidos dentro das ciências da educação,
- convicções normativas ligadas a um sistema de proposições, escolhas e valores.

Na educação, essa via deve ser percorrida, essa voz deve ser ouvida, ainda e sempre e o que quer que ocorra, mais do que nunca. Nada pode substituí-la. Nem mesmo na suficiência e na insuficiência.

Referências Bibliográficas

ALTET M., *La formation professionnelle des enseignants*, Paris, PUF, 1994.
ASTOLFI J.-P., *L'école pour apprendre*, Paris, ESF éditeur, 1992.
AVANZINI G., *Immobilisme et novation dans l'éducation scolaire*, Toulouse, Privat, 1975.
AVANZINI G., *L'échec scolaire*, Paris, Le Centurion, 1977.
BAIN A., *La science de l'éducation*, Paris, Alcan, 1894.
BARBIER J.-M., *Savoirs théoriques et savoirs d'action*, Paris, PUF (direção), 1996.
BERTRAND Y. et HOUSSAYE J., "Didactique et pédagogie: l'illusion de la différence. L'exemple du triangle", in *Les sciences de l'éducation pour l'ère nouvelle*, Caen, 1995, 1.
BOUMARD P., *Célestin Freinet*, Paris, PUF, 1996.
Cahiers Pédagogiques, Paris, CRAP.
CASTORIADIS C., *L'institution imaginaire de la société*, Paris, Le Seuil, 1975.
CHARBONNEL N., *Pour une critique de la raison éducative*, Berna, Peter Lang, 1988.
CHARLOT B., *Les sciences de l'éducation: un enjeu, un défi*, Paris, ESF éditeur, 1995.
CHÂTEAU J., "Pour une éducation scientifique", in *Revue française de Pédagogie*, Paris, IPN, 1967, 1.
CLAPARÈDE E. (1905), *Psychologie de l'enfant et pédagogie expérimentale*, Genebra e Paris, Kunding et Fischbacher, 1922.
CLAUSSE A., *Initiation aux sciences de l'éducation*, Paris, Colin-Bourrelier, 1967.
COMENIUS (1649), *La grande didactique*, Paris, Editions Klincksieck, 1992.
CRAHAY M. et LAFONTAINE D., *L'art et la science de l'enseignement*, Bruxelas, Labor, 1986.
CROS F., *L'innovation à l'école: forces et illusions*, Paris, PUF, 1993.
DE CORTE E. et al., *Les fondements de l'action didactique*, Bruxelas, De Boeck Université, 1979.
DELEDALLE G., *John Dewey*, Paris, PUF, 1995.
DEVELAY M., *De l'apprentissage à l'enseignement*, Paris, ESF éditeur, 1992.
DEVELAY M., "Pour une didactique différenciée et axiologique", in Avanzini G., *Sciences de l'éducation: regards multiples*, Berna, Peter Lang, 1994.
DURKHEIM E., "Nature et méthode de la pédagogie", in *Éducation et sociologie*, Paris, PUF, 1985.
FABRE M., *Penser la formation*, Paris, PUF, 1994.
FERRY G., "Mort de la pédagogie", in *L'Éducation nationale*, Paris, março de 1967, 820.
FREINET C. (1967), *L'éducation du travail*, Neuchâtel, Delachaux et Niestlé, 1946.
GALATANU O., "Savoirs théoriques et savoirs d'action dans la communication didactique", in BARBIER J.-M, *Savoirs théoriques et savoirs d'action*, Paris, PUF, 1996.
GAUTHERIN J., "La science de l'éducation, discipline singulière: 1883-1914", in Charlot B., *Les sciences de l'education: un enjeu, un défi*, Paris, ESF éditeur, 1995.
GEERTZ C., *Ici et là-bas. L'anthropologue comme auteur*, Paris, Métailié, 1996.
GILLET P., *Pour une pédagogique, ou l'enseignant-praticien*, Paris, PUF, 1987.
HALTÉ J.-F., *La didactique du français*, Paris, PUF, 1992.

HAMELINE D., "Le praticien, l'expert et le militant", in BOUTINET J.-P. *et al.*, *Du discours à l'action. Les sciences sociales s'interrogent sur elles-mêmes*, Paris, L'Harmattan, 1985.
HAMELINE D., artigo "Pédagogie", in *Encyclopaedia Universalis*, 1985.
HAMELINE D., "L'école, le pédagogue et le professeur", in Houssaye J. *et al.*, *La pédagogie: une encyclopédie pour aujourd'hui*, Paris, ESF éditeur, 1993.
HOUSSAYE J., "Les 105 ans des sciences de l'éducation: fin de la pédagogie?", in *Sciences de l'éducation, sciences majeures*, Paris, Éditions EAP, 1991.
HOUSSAYE J. (sob a direção de), *La pédagogie: une encyclopédie pour aujourd'hui*, Paris, ESF éditeur, 1993.
HOUSSAYE J. (sob a direção de), *Quinze pédagogues. Leur influence aujourd'hui*, Paris, Armand Colin, 1994.
HOUSSAYE J. (sob a direção de), *Quinze pédagogues. Textes choisis*, Paris, Armand Colin, 1995.
HOUSSAYE J. (sob a direção de), *Pédagogues contemporains*, Paris, A. Colin, 1996.
JUIF P. e DOVERO F., *Manuel bibliographique des sciences de l'éducation*, Paris, PUF, 1968.
KELSEN H., *Théorie générale des normes*, Paris, PUF, 1996.
LABELLE J.-M., *La réciprocité éducative*, Paris, PUF, 1996.
LADRIÈRE P., "La sagesse pratique", in *Raisons Pratiques*, Paris, 1990, 1.
LAMOUROUX G. e MORE R., "Éléments notionnels pour une première initiation à l'esprit et aux problématiques des sciences psychodidactiques", in *Cahiers Binet-Simon*, Toulouse, Erès, 1995, 3, 644.
MONJO R., "Le discours pédagogique contemporain. Un exemple: Ph. Meirieu", in *Penser l'éducation*, Rouen, 1997, 3.
NOVOA A., "Paulo freire, in Houssaye J., *Pédagogues contemporains*, Paris, Armand Colin, 1996.
NOVOA A., "Professionnalisation des enseignants et sciences de l'éducation", in Drewek P. e Lüth C., *History of Educational Studies*, Gent, CSHP, 1998.
PERRENOUD Ph., *Métier d'élève et sans du travail scolaire*, Paris, ESF éditeur, 1994.
PLANCHARD E. (1945), *La recherche en pédagogie*, Bruxelas-Paris, Nauwelaertz, 1968.
PRAIRAT E., *Éduquer et punir*, Nancy, Presses Universitaires de Nancy, 1994.
PROST A., *L'enseignement en France. 1800-1967*, Paris, Armand Colin, 1968.
RAISKY C. e CAILLOT M., *Au-delà des didactiques, le didactique*, Bruxelas, De Boeck Université, 1996.
RICOEUR P., "La raison pratique", in *Du texte à l'action. Essais d'herméneutique*, II, Paris, Le Seuil, 1986.
ROORDA H., *Le pédagogue n'aime pas les enfants*, Lausanne e Paris, Payot, 1918.
ROULLET M., *Les manuels de pédagogies. 1880-1920*, Paris, PUF, 2001.
SCHÖN D. A., "À la recherche d'une nouvelle épistémologie de la pratique et de ce qu'elle implique pour l'éducation des adultes", in Barbier J.-M., *Savoirs théoriques et savoirs d'action*, Paris, PUF, 1996.
SOËTARD M., *Pestalozzi ou la naissance de l'éducateur*, Berna, Peter Lang, 1981.
TERRAL H., "La psychopédagogie: une discipline vagabonde", in *Revue française de pédagogie*, Paris, INRP, 1994, 107.
THIERRY A. (1909), *L'homme en proie aux enfants*, Paris, Magnard, 1986.
TOCHON F., *L'enseignant-expert*, Paris, Nathan, 1993.
VIEILLARD-BARON J.-L., *Qu'est-ce que l'éducation? Montaigne, Fichte, Lavelle*, Paris, Vrin, 1994.

3

Ciência(s) da educação ou sentido da educação? A saída pedagógica

Michel Soëtard

Quando, em 1967, um artigo de Gilles Ferry em *L'Éducation nationale* anunciava o fim da pedagogia, convinha ter-se em mente de que pedagogia se tratava: uma prática calçada em "'lugares comuns' que alimentavam tanto o 'óbvio', que dispensa pensar, quanto o que 'se considera importante', que dissolve o pensamento na solicitude e na militância" (Hameline, 2001).[1] A educação, irrompendo como forte demanda social no cenário de uma crise do sistema ao mesmo tempo em que ingressava na universidade, requeria um saber científico de uma outra amplitude, um saber que assegurasse à ação pedagógica sua base teórica. Tal saber foi logo considerado plural: recebia a herança da explosão das ciências humanas (e da coesão social) nos anos 1960; inscrevia-se também no movimento que passa a consagrar a primazia do objeto e da demanda social que o sustenta, sobre as abordagens estritamente limitadas a um campo epistemológico determinado. A pedagogia tornava-se assim o subconjunto das "ciências da educação". Gaston Mialaret, o principal artesão da entrada do novo saber na universidade, optava por uma positividade científica e definia a pedagogia como "uma reflexão sobre as finalidades da educação e uma análise objetiva de suas condições de existência e de funcionamento". Com isso, não estava muito longe da definição que Marion fez dela em 1887: "A pedagogia é [...] ao mesmo tempo a ciência e a arte da educação. Porém, como é preciso escolher, já que nossa língua, em geral, tem aversão ao fato de uma mesma palavra designar tanto uma arte quanto a ciência correspondente, não hesitarei em definir a pedagogia simplesmente como: a ciência da educação. Por que ciência e não arte? Porque [...] a substância da pedagogia está muito menos nos procedimentos empregados do que nas razões teóricas pelas quais chega a tais procedimentos, os julga e os coordena".[2]

Hoje, quando a questão da pedagogia é novamente levantada, é preciso ainda perguntar-se em que contexto. As ciências da educação fizeram seu trabalho, mas o profissional continua expressando sua perplexidade quanto ao *uso* que pode fazer delas em sua ação cotidiana: será que pode contentar-se em sonhar, por meio das crianças que ele tem diante dele, com a sociedade de perfeita igualdade que faz os sociólogos pensarem ou com o sujeito epistêmico que Piaget fabrica em seu laboratório?... E depois, quando é preciso convocar uma das "ciências da educação" para enfrentar uma situação que traz problema, qual dos saberes merece a prevalência sobre os outros e em nome do quê?... A pedagogia é algo além de um simples exercício intelectual. Algo mais sério, até mesmo mais angustiante: as abordagens do fato, por mais ricas que sejam, nada dizem sobre o *sentido* que tenho a liberdade de dar a tal fato no concreto de minha ação. Para citar um exemplo vivido no dia-a-dia: quando eu tiver esgotado todas as explicações circunstanciais que possam dar conta da violência dos jovens no ambiente escolar, ou até compreendê-la interiormente, nada terei dito ainda sobre o que faz com que uma criança, não necessariamente "desfavorecida", ou até mesmo às vezes "bem rica", *decida-se pela* violência contra uma racionalidade escolar que, contudo, provou seu valor e não cessa de ser reforçada com o aporte de bilhões e do auxílio-educador. Surge, de fato, uma pergunta na qual poucos educadores haviam pensado: educar para quê? O *porquê* encontrava uma resposta científica: o *para que* exige uma reflexão de outro tipo, que não se esgota no exame das finalidades de fato, as quais são sempre positivamente observáveis *a posteriori*. A pedagogia é uma arte da ação, mas a ação solicita a decisão, que não é a simples aplicação de constatações científicas, ela estabelece uma meta não se privando de "descartar todos os fatos". Eis a pergunta que faz hoje o educador que enfrenta a realidade cotidiana: qual ação assumir com as ciências da educação e além delas? Essa é a questão que propulsiona novamente a pedagogia para o campo da demanda social.[3]

As ciências da educação: forças e limites

A educação constitui legitimamente o objeto de uma ciência: essa é uma verdade estabelecida que foi conquistada, como todas as conquistas do saber científico, em séculos de opiniões comuns e de resistências sociais. Sempre se educou, desde que o homem é homem: um modo para ele de se perpetuar em sua progenitura, instruindo-a com os saberes adquiridos pela experiência e poupando-a de refazer, a cada vez, todo o caminho do aprendizado pela vida. Assim, para pescar, caçar e também para se iniciar na vida comunitária, uma transmissão do pai para o filho, simplesmente por meio de um desenho na parede da caverna, podia bastar. As coisas se complicaram quando, devido à divisão do trabalho e à hierarquização social, a vida se complicou, o sílex foi substituído pela ferramenta, a ferramenta pela técnica, depois, os instrumentos pelo saber que permitia multiplicá-los pensando-os: foi preciso aprender e submeter-se a mestres capazes de substituir os pais, que se tornaram, em grande parte, incompetentes. Dessa forma, nasceu a necessidade de aprendizagem formalizada.

A arte de educar exigiu naturalmente um saber da educação. De Platão, que tira a criança do interesse imediato, até os artesãos de nosso sistema educacional moderno, que querem afastar a criança da escravidão do trabalho industrial, passando por Comenius, que vê na educação o único meio de salvar o homem da violência destruidora, existe a mesma preocupação de uma salvação pelo saber e pela aprendizagem do saber que deve permitir ao homem alcançar uma humanidade superior. A evolução não se deu e não se dá sem resistência: não é nada fácil tirar o filho da família, do direito de propriedade de que esta pretende dispor em benefício do ser que gerou, assim como também da busca do proveito imediato que ela pode tirar disso. Mas os próprios pais acabaram calculando seu ganho na operação: um filho bem-instruído será mais bem-sucedido na sociedade do que um rebento que se contenta em imitar o gesto paterno.

Foi assim que se instaurou o saber da educação no final do século XIX, na esfera de influência do interesse prático bem-compreendido. E instaurou-se legitimamente, ao mesmo tempo em que se implantava o sistema educacional sob a égide do Estado, também preocupado em recuperar o investimento. Um estado, portanto, uma educação, *uma* ciência da educação. A ciência da educação será, é claro, a sociologia que pretende ser, desde Comte, a ciência da sociedade; ela própria seguida pela psicologia, a ciência social que ajuda a compreender as leis do funcionamento interior do homem. Uma filosofia, enfim, que é ao mesmo tempo uma ciência e uma moral. E sua autoridade secular: uma pedagogia científica que os manuais da época divulgam invariavelmente.[4]

O grande empreendimento comte-durkheimniano fracassou: Alain Kerlan o constatou irremediavelmente. E, quando a pressão da demanda social mandou para os ares a pedagogia administrativa e lançou na universidade francesa um saber para o qual esta não estava na verdade preparada, tal saber se afirmou imediatamente no plural: 1967 viu o nascimento das ciências da educação. O plural inscrevia-se na lógica da explosão das ciências humanas, explosão esta que fazia eco com a explosão social, assim como no movimento de construção de saberes em torno de um objeto tornado socialmente problemático: a comunicação, a administração, a educação... A *multirreferencialidade*, defendida por Jacques Ardoino, tornava-se o paradigma epistemológico de referência.[5]

Não se pode contestar o imenso proveito que os profissionais da educação tiraram e ainda tiram de sua passagem pelas "ciências da educação": uma maior lucidez sobre o fato educativo e sobre as leis que permitem compreender seu funcionamento em todas as dimensões; uma vigilância crítica em relação às ideologias que sustentam as grandes finalidades educativas; uma distância tomada instintivamente em relação à prática e um modo de prever até um certo ponto os problemas que ela faz surgir; um reflexo de posicionamento científico que permite resistir às tentações da resposta imediata e à sua incoerência de uma situação à outra. A educação entrou na cientificidade: não é um resultado insignificante.

Mas será que as ciências da educação satisfizeram tanto do ponto de vista da realidade que queriam compreender quanto da ação que deveriam promover? Há razões para se duvidar disso.

1. Sua pluralidade, que podia ser percebida como uma abertura para a complexidade do real, na verdade, nunca pôde produzir resultados realmente científicos. Além do discurso ideológico ao qual o apreciado plural dá lugar, nunca tive nas mãos um estudo que fosse o seu produto efetivo.[6] Não há dificuldade alguma para identificar, no conteúdo de um trabalho que proclama sua multirreferência, a referência efetiva a *um* paradigma epistemológico, e a um único que se imponha aos outros. Tanto é que a mente humana trabalha por delimitação de um campo teórico, excluindo todos os outros, dentro do qual se esforçará para compreender os fatos que podem ser compreendidos em tal campo.[7] O empreendimento prometeico de querer avançar em todas as frentes corre o risco de acabar em "conversa epistemológica" e em "literatura pedagógica". Podemos então compreender a perplexidade do profissional, que lida diariamente com uma complexidade do real e estaria esperando, em vão, que as "ciências da educação" o ajudassem a dominar a globalidade de tal complexidade. Ora, ele não cessa de tratar com psicólogos, sociólogos, filósofos que, por trás da máscara de compreensão global que podem forjar, na realidade, fazem funcionar o paradigma que lhes é mais caro desde o início: de que outro modo poderiam fazer?...[8]

2. Um profissional que tenha passado pelas ciências da educação confronta-se, ele próprio, na presença de um fato que solicite sua inteligência e sua ação, com um sério problema de "conflito de interpreta-

ções". A situação que ele encontra é realmente complexa, mas tem uma unidade específica, não é de modo algum a aplicação de uma lei sociológica ou de uma lei psicológica, ambas forçosamente abstraídas do real concreto. E aquele que vive tal situação permanece o senhor do sentido que dá a ela, tem a liberdade de fazer sua interpretação em um ou em outro sentido (prova disso são as variações de uma mesma narrativa biográfica segundo a intenção que a sustenta). Para tomar o exemplo de um caso de violência em um recinto escolar: será que isso é a conseqüência de determinações sociais, ou então será que a causa deve ser buscada em um comportamento psicológico agressivo ou em uma carência afetiva, ou simplesmente no tédio em que vive o jovem no meio de um sistema educativo que se tornou estranho para ele? Dir-se-á que a causa é sempre social. Só que o pedagogo encontra-se em uma encruzilhada de escolhas que vão produzir ações diferentes, e ele terá de agir em um sentido ou em outro. É a indicação renovada de que as "ciências da educação" continuam sendo construções teóricas que não conseguem encontrar a passagem para o real e instrumentar realmente a prática.

3. E elas não o fazem e jamais conseguirão fazê-lo, porque operam no registro da generalidade, enquanto que o real humano se inscreve na particularidade e na singularidade. Herdeiras das ciências humanas, cujo trabalho prolongam na direção da educação, as ciências da educação se empenham em buscar leis gerais de funcionamento da natureza humana. Elas o fazem certamente no campo da formação e da aprendizagem, mas se a abordagem quiser ser qualificada como científica, deve permanecer essencialmente a mesma: pressupõe-se um fundo comum de natureza humana em cada um de seus representantes e um mecanismo geral que pode ser apreendido em "leis". Dir-se-á que esse é o fardo de toda ciência humana, que constrói seus esquemas a distância de uma realidade em movimento. Entretanto a posição singular do educador em ação – do pedagogo – deve-se ao fato de que ele trabalha sobre o próprio movimento, sobre o ser em devir, cuja origem e cujo término sobretudo ele não pode fixar "no céu". Seu trabalho permanece ligado à condição, àquilo que ela tem de radicalmente particular e de infinitamente maleável, e sempre lhe parece que as leis que as ciências da educação lhe propõem (as ciências humanas aplicadas à educação) encontram-se a mil léguas daquilo que ele "vive".

4. E é mais uma vez aqui que se aprofunda, até se tornar intransponível, o fosso entre a ação pedagógica e as ciências da educação. Estas têm justamente o projeto de liberar o educável colocando à disposição sa-

beres que explicam seu comportamento. Porém não fogem do círculo que ao mesmo tempo encerra tal comportamento no saber que os "compreende". A abordagem legítima nas ciências humanas, as quais mais uma vez se constroem sobre o pressuposto de uma generalidade humana, torna-se muito delicada quando está envolvida em um processo de formação: como evitar aqui o risco de um condicionamento por redução do sujeito e de sua liberdade ao objeto que o saber científico constrói? O fato de que tal objeto seja a subjetividade apreendida pelo relato biográfico ou pela introspeção em nada muda a questão: objetiva-se o sujeito com base no determinismo da natureza humana, fixa-se em conceitos um "móvel" por natureza. É o círculo epistemológico vicioso da formação deixada por conta: ela pressupõe a maleabilidade da natureza humana – sua "educabilidade" – mas "esquece" ao mesmo tempo o segundo princípio dessa educabilidade que é o da liberdade: não é de surpreender que acabe em condicionamento.[9]

Nesse contexto, compreende-se a falta de fôlego das "ciências da educação" na presença de uma abordagem que elas podem utilmente esclarecer, mas que não podem senão decepcionar quando se trata da ação. Compreende-se também o sucesso das "formações prontas", nas quais os profissionais se lançam sem a menor atitude crítica, expondo-se aos trovões dos "cientistas", que os acusam de "charlatanismo"... mesmo invejando-lhes secretamente essa passagem à ação que não conseguem encontrar em si mesmos.[10]

Como estabelecer justamente a ponte que permita a esses saberes alcançarem a ação pedagógica? Será que há somente uma ponte possível? Ou será então que o pedagogo, com algumas idéias na cabeça e uma grande generosidade no coração, está condenado a uma bricolagem sem fim? Será que ele pode contentar-se em entregar sua prática ao aleatório?

Como as ciências da educação não são mais óbvias, é preciso filosofar. Mas qual filosofia?

Crise da filosofia, retorno ao filosofar

As ciências da educação estabeleceram-se sobre um princípio de positividade que descartou de início o questionamento filosófico. Certamente não basta alinhar finalidades da educação ou então empilhar sobre as ciências humanas a moral, a política e até a teologia para que seja colocada *em uma dimensão filosófica* a questão do sentido. Permanecemos na ordem dos fatos, de fatos finalizados, mas que podem ser observados, analisados, justapostos, ao passo que a filosofia se construiu, desde a origem, sobre um "afastemos todos os fatos", e nunca deixou de viver deles. O fato só adquire sentido em relação ao que não é fato: "Não há fato para um fato"– escreve justamente Eric Weil. Uma coisa é constatar a finalidade de um ato educativo, outra coisa é interrogar-se sobre aquilo que deve ser seu fim, que nem mesmo é redutível à soma das finalidades constatadas.

A ciência enuncia aquilo que é, factualmente falando: ela é incapaz de pronunciar-se sobre aquilo que deve ser, humanamente falando. Por mais útil que seja do ponto de vista metodológico, a abordagem hermenêutica apresenta limitações quando é colocada a questão do sentido: poderá ajudar-me a analisar detalhadamente o que é a educação budista ou então o que é a pedagogia nazista, mas jamais me dirá por qual devo me decidir (exceto introduzindo na análise uma valorização dos fatos que nada tem a ver com eles...) Devo ir buscar *em outro lugar* o critério de apreciação, o fundamento do valor. Tradicionalmente, pensar esse *outro lugar* é a tarefa da filosofia.

Mas que a filosofia está em mau estado geral. Teve seu período de glória, aquele dos sistemas em que, de Platão a Hegel, ela pensou poder elaborar respostas globais para a questão do sentido, e a educação era regularmente convocada a empregar esses "planos de humanidade". A crítica instalou-se no domínio da liberdade, depois a crítica crítica, que desprezou a noção de humanidade, a ponto de esvaziá-la de sua substância: seria bem difícil ligar ao pensamento de Sartre ou ao de Foucault o início de um pensamento da educação.

Será que uma filosofia da educação seria pensável? Será que mantém um sentido em tal contexto? A educação tendo-se tornado, tradicionalmente desde Platão, a serva da filosofia, é de se temer que ela mesma sofra a derrocada de sua senhora. É grande a tentação de tomar como filosofia da educação algo que não passa de uma cunhagem, no campo da educação, de posições filosóficas vindas de fora.

Talvez seja a oportunidade de tomar um outro caminho ou de refazer desde o início um caminho já percorrido. De fato, minha idéia modesta é a de que nos tenhamos perdido em uma curva cultural. Percebo essa curva na obra de Jean-Jacques Rousseau, *Émile ou de l'éducation,* cujo prefácio já me parece altamente indicativo de uma nova direção filosófica. Comentarei, a seguir, suas principais articulações.

Rousseau dirige-se a "uma boa mãe que sabe pensar". Tal é, desde as primeiras linhas, o fundo do debate. Se a mãe fosse realmente boa, se se conformasse com a natureza boa que a fez produzir seu filho, então a educação seria óbvia, não precisaria ser pensada. Se a educação deve ser pensada agora, é porque deixou de ser uma coisa óbvia, uma questão "natural": torna-se uma *arte* que requer uma reflexão sobre os meios. É a nova situação que

Pestalozzi resumiu em uma fórmula colocada no centro de *Recherches* de 1797: "A natureza completou sua obra: cabe a ti completar a tua.". Foi isso que ele traduziu na evolução do personagem da boa Gertrude, do grande afresco romanesco dos anos 1780, em que ela surge como o modelo de uma educação entregue ao movimento da natureza, até a obra de 1801, em que é atribuído à mesma Gertrude o *dever* de "instruir seus filhos" e de obter os meios pedagógicos para isso. A educação não pode mais permanecer uma questão privada, uma conduta de bons sentimentos: "é importante voltar a atenção da opinião pública para esse lado".

"Não se conhece a infância... comece então a estudar melhor seus alunos..." É o resultado mais aparente da obra de 1762, que não é apenas um tratado de psicologia genética, mas uma obra que multiplica as preciosas observações sobre a natureza infantil e seu desenvolvimento. Com certeza se fez melhor desde então, em matéria de análise científica da natureza humana, mas nada garante que, ao querer encaixá-la à força em *leis, períodos* e *fases*, não se tenha comprometido sua plasticidade, que já é uma expressão de sua liberdade. A expressão literária que Rousseau dá a ela, ao longo de sua obra, permite mostrar a mobilidade de uma natureza humana em evolução permanente.

De fato, esse esforço de compreensão positiva da natureza infantil está longe de constituir a totalidade do projeto de *Émile*. Com efeito, Rousseau evoca em seguida a "parte sistemática que nada mais é que a marcha da natureza; e ele associa aos devaneios de um visionário sobre a educação". Esta é a grande aposta do genebrês: "o homem nasceu livre", a natureza humana tem, então, como início e fim, a liberdade autônoma. Uma forma de idéia metafísica, mas que o homem tem agora em sonho, ou seja, em uma abordagem subjetiva que, ao contrário das construções da metafísica dogmática, nada deve a um universal que seria objetivamente imposto a todos os homens: "Não é sobre as idéias de outrem que escrevo; é sobre as minhas." A liberdade: eis a nova idéia que conduz a humanidade e que Rousseau assume de maneira muito lógica com toda a liberdade.

Cada um possui sua verdade? Subjetivismo? Não, pois Rousseau age ao mesmo tempo com a razão: "Expressando com liberdade meu sentimento, desejo tão pouco que ele se imponha que sempre lhe acrescento minhas razões para que sejam pesadas e julgadas." A verdade do propósito, longe de ser indiferente ao sujeito que a expressa, será verificada no modo como um outro sujeito reconhecerá com plena liberdade a justeza das máximas expostas. Razão objetiva e liberdade subjetiva são agora indissociáveis, uma verifica a outra. A confiança é depositada na razão humana em cada um dos sujeitos que a porta.

Surge a questão fatal regularmente lançada àquele que se arrisca em uma reflexão teórica sobre a educação, *a fortiori*, como afirma, se abandonou sua progenitura: aquela da prática. A resposta de Rousseau é nesse caso fustigante e irremediável. Ou tudo está em jogo na prática e se exerce tal prática sem questionamento, ou se faz um questionamento sobre tal prática e se entra no campo da teoria, a qual deve então ser assumida plenamente. Misturar prática e teoria é assumir o risco de uma corromper a outra: "pois, nessa liga, o bem estraga-se e o mal não se cura". Aquele que se crispa sobre a prática, no fundo, não procura senão justificar aquela que ele exerce: "Pais e mães, o viável é o que vocês querem fazer. Devo eu responder por sua vontade?"

A teoria assim colocada a distância é, pois, bem mais respeitosa da singularidade das situações do que a prática que se toma por um fim em si. Conforme observa Rousseau no final de seu prefácio, é preciso fazer distinção entre a "bondade absoluta do sujeito e a facilidade da execução". Esta depende "das relações acidentais com a coisa, as quais, por conseguinte, não são necessárias e podem variar infinitamente". Trata-se mais uma vez da coerência do projeto de liberdade, que não se contenta com um esquema de aplicação com um fundo de necessidade, mas reclama, ao contrário, a presença de um aleatório que permita a ação com um fundo de responsabilidade.

Eis o comentário do prefácio de *Émile*.

É mesmo uma filosofia que está presente na parte sistemática da obra,[11] embora sendo uma filosofia de um gênero particular. Não se trata mais de referir-se a um mundo de idéias metafísicas que, desde Platão, autorizava o propósito descritivo dos "tratados de educação". A grande idéia que vale aqui é a da liberdade, mas seria contraditório querer impô-la dogmaticamente, e pior ainda querer construir seu sistema, como o farão Fichte e Sartre: sua posição objetiva passa necessariamente pela adesão subjetiva de cada interessado. Rousseau permanece aqui totalmente coerente em seu propósito, no qual o que é visado se manifesta essencialmente no modo de visá-lo.[12]

Mas a idéia de liberdade não deixa de ser metafísica, é até mesmo o fundamento de todas as idéias metafísicas que emanam do poder exclusivamente humano de romper todas as determinações da natureza: seu reino decididamente não é deste mundo. E pode-se fazer a constatação histórica de que todos os empreendimentos que visaram a exercer a liberdade neste mundo, com ou sem o apoio de um outro mundo, voltaram-se regularmente contra o homem. Pode-se compreender isso, pois aquele que se eleva para dizer "a liberdade é isto" aprisiona no mesmo instante o outro em *seu* isto, ao passo que esse outro tem o direito de pensar que ela é aquilo. O que nada impede de "tomar o tom afirmativo", como Rousseau em seu prefácio, para dizer que é isto, "não para impor ao leitor, mas para lhe falar como eu penso". O problema não está na afirmação (é preciso falar disso), mas no uso que dela vou fazer em minha relação com outrem, com o risco permanente de uma "apropriação".

Pode-se talvez objetar que a liberdade permanece então uma idéia no ar, com o desprezo das determinações que encerram o homem na realidade de sua condição. Porém é justamente o contrário que deveria ocorrer. Quando a liberdade encarna-se em uma realidade mundana, no Estado, por exemplo, o homem terá tendência a entregar-lhe sua liberdade de iniciativa e a preocupação com a particularidade em que ela se enraíza; mas, a partir do momento em que se manifesta como uma exigência formal de promoção da dignidade humana em cada homem, ela requer então uma atenção para cada situação particular em que a forma é chamada a se inscrever e a construção de meios que vão permitir inscrevê-la aí realmente. Ela requer um acompanhamento que será precisamente uma *pedagogia*.

A obra de Rousseau é apresentada no subtítulo como um tratado de educação. Mas não nos enganemos com isso: a educação em questão não é mais aquela de um sistema social, por mais democrático que seja, que impõe seu modelo do exterior, reduzindo o sujeito a uma "unidade numérica". A obra se realiza na direção de um indivíduo com o nome de Emílio. Trata-se de "formar o homem do homem" nesse indivíduo chamado Emílio. Uma exigência paradoxal que expressa a tensão irredutível entre o universal e o particular, pedra de toque de toda a história da filosofia. Mas eis que essa tensão encontra agora o meio de se resolver em uma maneira de fazer que permita ao particular inscrever-se no universal, ao universal inscrever-se no particular, em uma forma de retorno ao filosofar socrático, que é a essência da pedagogia.

É essa nova abordagem do homem (em primeiro lugar do homem em devir que é a criança) que deve ser pensada em toda a sua amplitude. A pedagogia requer um *saber*. Um saber que articule uma ciência do fato humano, um pensamento do sentido e, enfim, uma inteligência dos meios.

Pedagogia e ciências do homem

A pedagogia deve seguramente fundar-se em um sólido conhecimento do sujeito a educar. Mas logo se compreende a dificuldade dessa abordagem, pois se trata de inscrever tal conhecimento em um devir. Ora, dispomos de conceitos "adultos", ou seja, "fatos", os quais somos tentados a aplicar em uma realidade em movimento. Quando Rousseau lamenta, falando dos especialistas em coisas humanas, que estes "sempre busquem o homem na criança, sem pensar no que ele é antes de ser homem", ele faz uma distinção que não é apenas cronológica, mas também ontológica; e outras frases de *Émile* assinalam: "A humanidade tem seu lugar na ordem das coisas; a infância tem o seu na ordem da vida humana: é preciso considerar o homem no homem e a criança na criança", ou ainda: "Nenhum de nós é filósofo o bastante para poder colocar-se no lugar de uma criança". A *ciência da criança* não é, portanto, uma ciência do homem em geral que se aplicaria a uma primeira fase de seu desenvolvimento: ela tem seu gênio particular, que é marcado por sua proximidade com a natureza e com seu movimento livre, enquanto que o *pensamento* adulto perde esse sentido da mobilidade para fixar suas observações em *leis* com pretensão geral e quase eterna: o ideal de uma matemática humana que fixaria entidades no céu inteligível.

O problema é justamente que os que fazem a ciência não são as crianças, mas os adultos.[13] Não se pode, portanto, fugir dessa cientificização do humano, tal como ela se dá nas "ciências humanas", cuja herança é assumida pelas ciências da educação. A advertência de Rousseau nos leva a assinalar os limites de tal empresa.

O primeiro limite, que pôs Vygotsky contra Piaget, está no fato de que o movimento – o *processo* de aprendizagem – é sempre primeiro e permanece sendo em relação à lei que tenta compreendê-lo. Isso significa que o pedagogo, mesmo tendo em mente toda a nomenclatura das leis do desenvolvimento cognitivo, não deve abandonar uma atitude de descoberta e de espera do inesperado quando estiver diante do aprendiz. De fato, o que faz o desenvolvimento não é a lei, mas o elemento que a fundamenta e a transborda por todos os lados: o real humano vivo, móvel e multiforme. É nessa instância que o pedagogo age e se, por um lado, fica feliz que as leis definidas por Piaget lhe forneçam preciosas referências intelectuais nesse fluxo de mobilidade, por outro lado sabe que continua navegando no meio de elementos cientificamente incontroláveis.

O pedagogo se adapta perfeitamente à pluralidade desses elementos. O saber positivo da educação dito no plural nao traz nenhum problema para ele, pois a natureza humana móvel com a qual lida é uma forma de caleidoscópio em que se refratam todas as interpretações causais possíveis dos comportamentos observáveis: o *conflito das interpretações*, que identificamos anteriormente como sendo uma dificuldade epistemológica das *ciências da educação*, torna-se aqui uma vantagem, visto que não permite a nenhuma dessas observações predominar dogmaticamente sobre a outra: um determinado comportamento, por exemplo de violência, estigmatizado sociológico ou psicanaliticamente entra, pedagogicamente considerado, em um domínio que mantém aberta uma multirreferencialidade das causas, tornando impossível para o observador submeter o fenômeno apenas à lei do condicionamento social ou apenas à lei do inconsciente psicanalítico. Mesmo que esse observador, a partir do momento em que quiser entrar em um método científico, deva necessariamente fazer a escolha epistemológica de um ponto de vista de interpretação, ele estará consciente da precariedade de sua escolha, ameaçada a qualquer momento pela irrupção de outras causalidades.

Tal flutuação constitui justamente a chance do sujeito e de seu poder de liberdade no próprio processo de sua formação. Mais uma vez, se o comportamento observado não passasse do exemplar de uma lei sociológica pensada por outro lado e por si mesma, isso seria feito, em princípio, pelo poder do interessado de agir sobre ela: sua liberdade se identificaria com o reconhecimento da necessidade e do completo determinismo das coisas humanas. Estando no cruzamento de várias interpretações possíveis, esse comportamento é como se fosse entregue às mãos do sujeito, que pode – exceto nos casos patológicos em que ele não mais disporia de sua livre vontade – *agir* em um sentido ou em outro. Se o sujeito incendiar carros, pode deixar interpretar seu gesto como a revanche de uma exclusão social ou então como uma forma de autovalorização, ou provavelmente ainda as duas coisas ao mesmo tempo, ao que talvez será preciso acrescentar uma estigmatização cultural e racial... É certamente a confusão do *pesquisador* que desejará assegurar de modo absoluto a verificação de sua hipótese sobre a natureza humana, mas é, ao mesmo tempo, a chance da liberdade, que permite ao sujeito permanecer à distância de suas determinações e colocar-se assim em posição de agir sobre elas.

Encontramos um segundo limite posto à pretensão das ciências humanas de cobrir o campo da pedagogia. Inscrevendo *a priori* o comportamento humano na cadeia das causalidades, elas impedem que a particularidade sensível exista por si mesma, como lugar de iniciativa e de criação. O dever de humanização que sustenta a educação remete, ao contrário, ao modo como cada indivíduo é chamado a se realizar em sua particularidade por meio de uma ação sobre suas próprias determinações. A partir desse ponto de vista, as ciências humanas permitem estabelecer invariantes da natureza humana, mas não esgotam o desejo universal do homem; se, por um lado, em sua multiplicidade, elas se inscrevem nesse desejo, por outro remetem a uma perspectiva que as ultrapassa e lhes dá sentido ao mesmo tempo: a liberdade de um indivíduo-sujeito que não se esclarece sobre o que ele é senão para se tornar o que deve ser.

Aqui, mais uma vez, a abordagem pedagógica, na relação estreita que mantém com a particularidade, marca sua originalidade. Desde a obra de 1762, em que a universalidade humana passa a se expressar por meio do devir de um indivíduo particular chamado Emílio, até as experiências da

Educação Nova, inclusive as mais socializantes e as mais "coletivizantes", que só têm olhos para aquele menino, a mesma atenção é prestada à criança tomada em sua singularidade.[14] Mesmo que recorram largamente ao tesouro das ciências humanas, esses pedagogos se distanciam delas com regularidade em nome do primado do indivíduo e de sua construção em liberdade.[15]

Um terceiro limite à pretensão das ciências humanas de esgotar o campo pedagógico se encontra na relação com a prática. Dir-se-á que este é o fardo de todo saber sobre o homem: a passagem à aplicação é sempre muito aleatória, visto que é preciso sempre e mais contar com uma liberdade humana que não é a emanação de uma teoria. Porém com a pedagogia, *que se aplica a essa liberdade mesmo em construção*, a passagem à aplicação é mais do que uma dificuldade técnica: é um contra-senso. Com efeito, é essencialmente na ação que se produz o sentido para cada um, e os elementos de saber que são trazidos ficam submetidos a um movimento que lhes foge. Percorrendo os testemunhos de práticas dos artesãos da Educação Nova, a começar por Pestalozzi, sempre fiquei impressionado ao observar a grande força de inventividade que eles manifestam no cotidiano de sua ação: esta é tudo, exceto a aplicação de uma teoria que eles teriam na cabeça, e os escritos que produzem nesse sentido surgem, na maioria das vezes, como contraponto de uma prática que lhes traz problema ou que devem justificar.[16] Para eles, o aleatório – as "relações acidentais com a coisa" de que fala Rousseau no prefácio de *Émile* – mantém um lugar essencial diante da necessidade do método: é a respiração da liberdade.[17]

As ciências do homem, por mais necessárias que sejam para compreender o sujeito com o qual a pedagogia lida, ficam assim inteiramente submetidas a um objetivo de sentido que vai além delas e relativiza seu alcance. Mas como falar de tal sentido?

Pedagogia e sentido do homem

As relações entre a pedagogia e a filosofia poderiam ser simples. Ora, complicaram-se muito cedo, até se tornarem antagonistas, principalmente na *intelligentsia* francesa.

A simplicidade essencial da relação se deve ao fato de que a filosofia nasceu de um ato pedagógico: o ato socrático. No diálogo que Sócrates estabelece com os jovens de Atenas – pelo menos nos diálogos ditos "socráticos", em que Platão não toma o pretexto do personagem para desenvolver seu sistema – não se trata de expor um tratado de filosofia: é uma reflexão essencialmente em ação, que questiona mais do que prega e que, como tal, não deu origem a nenhum escrito da parte do pedagogo de Atenas. Sócrates visa a pôr em ação a capacidade de universal que está adormecida no homem, e isso é um apelo dirigido a cada um em particular. O ato se dá ainda com plena liberdade: o interlocutor de Sócrates pode, a qualquer momento, abandonar o diálogo (como Protágoras) ou não querer entrar nele (é o caso do velho Glauco no início de *A República*).

Porém Platão usou literalmente – e literariamente! – Sócrates para fazer frente à deriva utilitarista e relativista dos sofistas, que ocupavam então uma posição privilegiada em Atenas: mostrar que o método socrático não se esgotava na busca de um interesse particular, desprezando o interesse comum e o bem político. Era preciso provar que o horizonte do trabalho socrático era justamente o advento de um universal, convertido em grandes idéias sobre o homem e realizado pela – para não dizer encarnado na – ordem satisfatória da cidade.

Veio então Platão e colocou tudo isso – e Sócrates primeiro – em cena em uma belíssima obra de literatura. Nascera a filosofia. Porém, fascinados pelo espetáculo (em grego: a *theoria*) que se desenvolveu durante séculos de construção filosófica, costumamos esquecer o ato pedagógico por meio do qual ela nasceu. Tudo se passava então como se houvesse, em algum lugar em um céu de idéias, um sentido garantido do homem. O cristianismo, com sua genialidade própria, veio ainda apoiar tal perspectiva. Nesse contexto, o ato pedagógico tornava-se o simples instrumento de realização desse sentido, era o braço executor de uma filosofia da educação que remetia a um sistema hipotético-dedutivo, ele próprio preso a uma finalidade, posta como suprema, da humanidade. Esse saber último exigia um modo de agir para conduzir a educação, mas esta se apresentava como a própria emanação do saber supremo e não podia desejar nenhuma posição autônoma.

A crise dos sistemas filosóficos provocou a das filosofias da educação que conseguiram se constituir no rastro dos primeiros. Uma filosofia da educação pode ainda tentar sobreviver pela lembrança, justificada em si mesma, de que o projeto de educar envolve uma dimensão de reflexão em torno dos *fins* e dos *valores*, a qual as ciências da educação *stricto sensu* são incapazes de assumir. Todavia fica a questão da justificação da escolha de um determinado enfoque filosófico em detrimento de outro...[18] E em tal circunstância, será que se está fazendo algo além de uma literatura pedagógica, justamente denunciada por Nanine Charbonnel como uma filosofia de aparência ou, no máximo, um discurso moralizante?

Talvez se faça a objeção de que a educação, como observa A.M. Drouin-Hans, é uma questão filosófica; e toda prática remete a um ideal educativo e, assim, a uma filosofia.[19] Porém, no percurso, esquecemos que a própria filosofia é uma escolha, que podemos muito bem recusá-la para nos dedicarmos às nossas ocupações e que, ao ver a confusão dos discursos filosóficos ao longo da história e seus efeitos sobre a felicidade da humanidade, seríamos antes levados a cair fora...

Contudo Kant nos ensinou a distinguir entre o desejo filosófico, em sua dimensão metafísica, de que o homem não se pode livrar e suas realizações históricas, ligadas a tantos interesses historicamente situados. É de fato difícil recusar que um desejo de sentido universal brote em cada homem, nem que seja através da insatisfação que sente e manifesta em relação aos sentidos dados (o próprio relativismo remete à universalidade de um princípio: *tudo* é relativo...). Mas esse universal – que examinei anteriormente no comentário sobre o prefácio de *Émile* – é agora ele próprio indissociável da liberdade que o faz ser: a razão é uma escolha que faço e assumo, permanecendo a outra possibilidade aberta que é a do seu contrário, a violência.[20]

Não me basta, pois, ter razão, eu preciso ainda aceitar levar em conta o *outro* da razão, sem o qual a própria razão não se pode constituir: a decisão do interlocutor de Sócrates de entrar ou não na discussão. Esse outro do *logos* é o *desejo de* constituir a razão, a *vontade de* entrar na discussão razoável, o *poder* que mantenho de recusar a qualquer momento a ordem racionalmente estabelecida para escolher o mal, a *resistência* que posso opor a todas as formas de racionalização: tantas manifestações do enraizamento sensível da liberdade, que constitui, ao mesmo tempo, o núcleo duro da particularidade humana. É sobre essa relação da razão com aquilo que a fundamenta e que não cessa de alimentá-la que a pedagogia atua. Se há a razão com suas exigências, não é a mesma coisa que tornar o homem razoável, ou seja, *capaz de* razão. Para alcançarmos isso, certamente não basta fazer brilhar diante de seus olhos a razão e sua evidência, esquecendo que estamos na presença de uma pessoa fundamentalmente livre em suas escolhas.

Como observa corretamente Philippe Meirieu, a pedagogia "realiza, em relação aos debates educativos, um desprendimento particular: ela surge com o reconhecimento da resistência do outro ao empreendimento educativo, e é isso que constitui o *momento pedagógico* propriamente dito. Diremos que, enquanto o discurso sobre a educação continuar contemplando-se e autojustificando-se no mundo da idéia, a pedagogia vai confrontar-se com uma alteridade que a obriga a se preocupar com os meios da "passagem" para o outro.[21]

A educação – ciências da educação e filosofia da educação – trabalha na ordem da razão e de sua universalidade de princípio. A pedagogia acrescenta a ela a preocupação com o enraizamento da razão na liberdade, do modo como esta é efetivamente explorada na condição, e o cuidado com a maneira como cada um percorre seu caminho (o *método*) dentro de tal condição na direção do universal.

Na verdade, todo o mundo concorda quanto aos ideais humanistas que devem sustentar a educação. Quem se oporia aos *slogans* que fazem a bela literatura dos "projetos educativos": construir a autonomia da criança, permitir seu desabrochar, colocá-la no centro do sistema educativo, fazer uma educação integral, etc? O que se esquece de observar na maioria das vezes – assim funciona a ideologia – é que a realidade se situa no extremo oposto desses ideais: você já viu uma sociedade que aceite de fato a autonomia dos indivíduos que a compõem, que não coloque seu interesse acima da realização pessoal dos mesmo, que não coloque o Estado no centro e que não se empenhe, mediante o sistema educativo, em mutilar a pessoa para melhor usá-la? A questão está justamente na passagem de tais ideais para uma realidade que lhe é antagonista.

Pode-se dizer que a idéia de educação, em nossas sociedades ditas avançadas, fez sua parte; e seu discurso esvaziou-se de realidade. Trata-se agora de *fazer pedagogia*.

A pedagogia entre fato e sentido

A pedagogia pode, assim, produzir um saber específico capaz de orientar a ação sobre o homem e sobre seu destino. Para isso, a condição é articular, com todo o rigor epistemológico necessário, as diferentes formas de saber aplicadas.

Como dizíamos, seguindo a injunção de *Émile*, trata-se de conhecer bem, em primeiro lugar, o sujeito com o qual lida o pedagogo. Esse conhecimento positivo vai atribuir-se a todos os meios da ciência, com especificidade, mas que em nada modifica as exigências do método de que o sujeito-objeto é estudado aqui em situação de aprendizagem. A natureza humana é abordada do ponto de vista de um mecanismo geral, real ou pressuposto, que vai permitir produzir leis com pretensão universal: leis de desenvolvimento da inteligência, leis de estruturação do julgamento moral e, em primeiro lugar sem dúvida, leis de constituição da natureza física do homem. Não há razão para não tirar aqui todo o proveito das diversas ciências humanas aplicadas ao campo da educação. E podemos multiplicar infinitamente essas leis. Mesmo aplicado a uma situação específica, o método continua tendo pretensão universal. Se eu tomar o exemplo de alguém que decide estudar o papel da explicitação escrita do oral no projeto pedagógico de tirar uma pessoa do analfabetismo, vai tratar-se, a termo, de fazer com que um outro observador, convencido da solidez formal do estudo realizado, possa dele tirar proveito para as situações do mesmo tipo que encontrar e, assim, obter uma ferramenta de compreensão *a priori*.[22]

Esse posicionamento de objetividade permite proteger-se de um intencionalismo subjetivo que é a chaga da pedagogia (o *pedagogismo*). De fato, é grande a tentação do "formador" de organizar de saída sua ação no sentido que desejar, sem verificar se a realidade humana se presta realmente a ela. Para retomar o exemplo citado, é quase certo que, se eu aplicar, em um processo de formação, a explicitação escrita da proposição oral, vou favorecer uma evolução para fora do analfabetismo. Porém nunca saberei se essa evolução positiva se deve à própria explicitação, à boa disposição do sujeito, à minha boa relação pessoal com o indivíduo ou ainda à minha força de convicção: o efeito é real ou é apenas aparente? Se eu quiser manter o controle do movimento, é importante que não me deixe levar pela generosidade da intenção formativa, que talvez não passe de um egocentrismo intelectual disfarçado em serviço do outro. O posicionamento científico objetivo, quando permanece nos limites de um saber positivo ligado a uma situação no tempo e no espaço (além dos quais se torna cientificismo e se isola em dogmatismo) protege contra esse perigo. Portanto, aconselha-se analisar primeiramente, na situação de analfabetismo observada, a relação *mecânica* entre expressão oral e explicitação escrita, sem nenhuma intenção pedagógica. Em primeiro lugar, é importante assegurar-se da pertinência da hipótese.

Poder-se-ia também entrar pela filosofia, partir do sentido do homem do modo como os filósofos o explicaram ao longo da história, e examinar, à luz de suas idéias, os conceitos que fazem funcionar a pedagogia. Refletir sobre a técnica pedagógica inspirando-se em Heidegger, a contrastividade didática lendo Hegel, a relação educativa na escola de Lévinas, a educação moral estudando Kant... Estaremos fazendo "filosofia da educação", ou seja, filosofia aplicada à educação, mas tendo em mente os limites de tal procedimento: por que Lévinas e não Mounier? Kant e não Marx? O personalismo e não o materialismo determinista?... Com efeito, confrontamo-nos com a mesma dificuldade epistemológica das "ciências da educação": a redução do real pedagógico à teoria filosófica (assim como à teoria científica) a partir da qual o interpreto. Pode-se muito bem decidir trabalhar nesse sentido, mas então é preciso declarar sua intenção e marcar os limites do propósito. E o pedagogo em ação sempre poderá afirmar maliciosamente que o pesquisador filósofo usa o pretexto da educação para ter um prazer intelectual: a realidade pedagógica fica fora desse jogo.

"Ciências da educação", "filosofia da educação": de fato não estamos em pedagogia, mas em saberes vindos de fora e aplicados com maior ou menor sucesso a objetos tomados do campo da educação. Eu diria até mesmo que estamos no lado oposto da intenção pedagógica, visto que o trabalho realizado até então – e isso é bom para a "seriedade" científica e filosófica – não sai da generalidade da natureza humana e do universal que a governa. Os "universitários" encontram-se aqui em seu chão. Mas o fato de que o sujeito humano não aceita se deixar reduzir a tal generalidade é facilmente constatável: como indivíduo, ele tem o sentimento de que seu ser não pode ser dividido em pontos de vista que dariam ensejo a tantas leis, valendo para todos e em todos os tempos. Ele tem o sentimento de ser único, e em todos os esforços, científicos e filosóficos, para compreender isso falta o essencial, a saber, a pergunta que gera justamente todos esses esforços: *Quem sou eu?* E é na direção deste sentimento der ser único que o pedagogo olha, mesmo que tenha em vista a realização plena da natureza humana em cada um. Mais uma vez, não é um acaso histórico o fato de a preocupação pedagógica ter nascido ao mesmo tempo em que se afirmava o processo de individualização, em ligação com uma rede social da qual o indivíduo percebia, ao mesmo tempo, suas estreitas imbricações e seu caráter doravante problemático.

É, pois, necessário inverter o movimento e pensar os resultados obtidos científica e filosoficamente *segundo um princípio fundamental de liberdade* que exige que o sujeito, com seu poder de encurvar as circunstâncias segundo suas própria vontade, volte ao centro do processo. Se a lei verificada no término da experimentação ou se o conceito elaborado por tal filosofia pudessem ser pura e simplesmente aplicados para "fazer pedagogia", estaríamos então em uma lógica de condicionamento, que tenderia mais a verificar a lei ou o conceito do que servir à pessoa. O antagonismo entre liberdade e determinações é fundamental, e não basta tomar consciência e fazer a ciência das últimas para que a primeira desabroche (mesmo que a conscientização de um condicionamento possa ser – mas *possa* ser apenas[23] – a alavanca de uma libertação). Não se deve cessar de repetir: perfectibilidade e liberdade são duas instâncias *distintas* da natureza humana.

Sendo assim, para entrar na pedagogia, é importante ultrapassar o ponto de vista positivo-científico do psicólogo ou do sociólogo, mas também o ponto de vista positivo-idealista do filósofo, e resistir à dupla tentação aplicacionista para construir um método de pesquisa que vá além da tensão entre as duas abordagens e que, ao mesmo tempo, a assuma.

Como dizíamos, trata-se, em primeiro lugar, de se certificar do fato e examinar, no exemplo que evocamos, que ligação mantém a explicitação escrita do oral com a saída do analfabetismo. Vou precisar escolher uma hipótese explicativa em um determinado campo, por exemplo, na psicolingüística. No decorrer da verificação da hipótese, observarei que outros fatores atuam no processo de explicitação, de acordo com os sujeitos e sua situação. É aqui que o movimento vai se inverter: o sujeito tenderá a se tornar o centro da pesquisa, é em relação a ele – sem perder o eixo de objetividade, a saber, a explicitação, sem a qual se corre o risco de cair em um multirreferencial sem fundo – que as explicações causais vão se desenvolver e se organizar. A pergunta vai então se estender: o que significa "explicitar" *para uma pessoa* em situação de analfabetismo? O primeiro tempo, científico, do método, se for realizado com toda a "compreensão" necessária, terá, aliás, permitido identificar um certo número de variáveis parasitas que terão vindo perturbar, desorganizar ou até mesmo pôr em xeque o processo de verificação da hipótese levantada.

Mas a inversão decisiva vai ocorrer quando o mesmo sujeito for levado, pelo mecanismo da explicitação, a fazer da saída do analfabetismo "uma obra sua". O sentido da elaboração da ferramenta, na verdade, está no fato de entregá-la às mãos do sujeito para que ele mesmo faça seu caminho, ou até mesmo chegue a fabricar suas próprias ferramentas. A mola aqui é a vontade, distinta da racionalidade, e sua capacidade de romper com todas as determinações fenomenais e suas explicações racionais, para ser apropriada como seu próprio fim. A autonomia em ação: que a explicitação se torne, para aquele que a emprega, uma segunda natureza!

A aplicação desse método de liberdade é delicada, pois remete a uma decisão da qual não sou o senhor, a um passo dado pelo interessado em seu próprio segredo. Pode apoiar-se filosoficamente, se pensarmos com toda a coerência, na idéia de liberdade e nas condições de sua realização (conforme anteriormente). Pode ainda verificar-se empiricamente até certo ponto, já que a demanda de autonomia, diga ela respeito aos indivíduos ou às comunidades humanas, está cada vez mais forte, e os homens aceitam cada vez menos depender de seus semelhantes. Porém não é menos evidente que não posso desencadear a liberdade autônoma no outro de forma mecânica, e muito menos de forma autoritária. A abordagem positiva, por mais ampla que seja, encontra aqui um *ponto cego* que ela não pode vencer racionalmente, mas com o qual deve contar se quiser atingir o foco do ato pedagógico.

Trata-se então de um problema de *mediação*, ou seja, da forma que vai tomar a aplicação dos meios. A pedagogia torna-se assim essencialmente uma aplicação refletida dos meios.

A pedagogia: uma inteligência dos meios

A reflexão anterior, balançando entre fato e sentido, entre a constatação de uma completa determinação da natureza humana e aquela de uma inextinguível sede de autonomia em seu seio, poderia conduzir a um impasse, ao que os filósofos chamam de aporia, do qual o homem não se pode livrar. Entretanto, se observarmos mais atentamente, o choque entre liberdade e determinação dá ao homem a possibilidade, ou solicita até a necessidade, de uma ação no sentido daquilo que ele busca: a realização de sua liberdade autônoma. Se tudo fosse uma questão de determinações, se as circunstâncias fizessem totalmente o homem, então a ação humana, como iniciativa ligada a um poder de decisão, não teria fundamento em si mesma: seguiria a ordem das necessidades. Mas não as teria mais se o sentido já estivesse determinado em algum lugar em um céu metafísico, se o homem tivesse o poder divino de dominar as circunstâncias. A ação humana, a ação pedagógica em particular, só adquire sentido à medida que há, de início, um fato sensato e, ao mesmo tempo, uma possibilidade para o homem de se liberar da situação para orientá-la no sentido que ele julgar melhor para si.

Pode-se compreender que assim dividido entre fato e sentido, repugnando reduzir o outro àquilo que ele é ou fazê-lo depender de um dever-ser que seria determinado fora dele, a ação pedagógica vai se dar prioritariamente na elaboração e na aplicação de *meios* colocados à disposição do outro para que exerça sua liberdade. Assim se estará cumprindo um papel de ciência em relação à natureza humana, com o objetivo de produzir aquilo que vai no sentido de sua perfectibilidade, mas o meio assim elaborado será, por sua vez, entregue às mãos do interessado para que este se constitua como obra sua. O meio pedagógico constituirá, então, o cadinho em que se encontram a matéria empírica elaborada a partir da observação da natureza humana (por exemplo, uma estrutura de desenvolvimento), o desejo de autonomia do educando e a intenção do pedagogo.

Como todos os meios, esses meios pedagógicos têm uma função técnica, visa-se a obter por meio deles um resultado visível e palpável: saber ler, saber ficar quieto na cadeira, saber saltar um obstáculo... Essas finalidades, trabalhando no sentido da perfectibilidade humana, correspondem a necessidades ligadas à vida em sociedade, administradas pelo sistema educativo.

Mas essas finalidades estabelecidas, ou mesmo socialmente confirmadas, nada dizem ainda sobre o *fim* a que o pedagogo é chamado a visar por meio delas e que se identifica com o desejo de autonomia que sustenta a humanidade. Tais finalidades não existem de fato por si mesmas, tampouco somente pela ordem social, mas para que cada um faça, graças aos meios pedagógicos assim estabelecidos, uma obra sua. Tudo vai então depender do modo como o pedagogo vai manipular esses meios pedagógicos: será que ele vai aproveitar para prender a criança à natureza (e sob seu poder, o do pedagogo que decidiu que a natureza humana era assim[24])? Ou então será que ele agirá, em relação a esses meios, de modo que o educando faça deles um instrumento de sua própria libertação? É uma escolha que cabe ao pedagogo, na liberdade de sua decisão.

É preciso ainda insistir na necessária manutenção desses meios dentro de sua realidade concreta e material, como ferramentas reais de mediação. Aqui a tentação é o *pedagogismo*, uma forma de ideologia que, identificando natureza e liberdade de início, faria da pedagogia um outro nome da liberdade e a privaria, ao mesmo tempo, dos meios que permitem justamente à liberdade fincar raízes. É bom que os meios pedagógicos mantenham uma exterioridade, tanto em relação à vontade do pedagogo quanto em relação àquela do educando, que se mantenham em um espaço neutro, que vai permitir ao educando investi-los para construir sua autonomia.

Assim deveriam poder ligar-se, na ação pedagógica conduzida em torno dos meios de que dispõe, as três abordagens que colocamos em tensão ao longo de todo este texto: a abordagem do especialista em ciências humanas, atento à marcha da natureza humana e às leis que a governam; a abordagem do pensador-filósofo, o qual não desvia seu olhar do fim ao qual tende essa mesma natureza humana, que não é da ordem dos meios técnicos aplicados; a abordagem do profissional, enfim, que pilota esse duplo movimento na particularidade dos casos, no meio dos acasos da experiência e das situações diversamente vividas. Porém eu insistiria para que essas abordagens permanecessem *distintas*. O isolamento em uma delas, desprezando as duas outras, levaria a fazer do pedagogo aquilo que Pestalozzi chamava de "besta da cabeça" ou "besta do coração" ou ainda "besta da mão". O homem se torna homem no ponto de encontro dessas três dimensões.

Notas

1. Prefácio para Michèle Roullet (2001), *Les manuels de pédagogies 1880-1920*, PUF, p.XI.
2. Citado por Francine Best (1994) no artigo "Pédagogie" da primeira edição do *Dictionnaire encyclopédique de l'éducation et de la formation*, Nathan, p. 727.
3. Observemos a inflação atual do termo: todos, do político à enfermeira, passando pelo chefe de departamento de loja até o ministro, devem demonstrar "pedagogia". O modo de agir com os homens hoje importa pelo menos tanto quanto o resultado: não é um simples paradoxo em nosso mundo tecnocentrado!
4. Roullet M., *op. Cit.*, O autor cita, na página 91, essa apreciação de Nanine Charbonnel a respeito dos pedagogos do que ela chama de "momento Compayré": "Entre eles, ainda não há nenhuma discórdia entre uma filosofia do valor e uma ciência do fato, visto que o fato, neste caso a natureza humana, comporta intrinsecamente valores, e o trabalho está em descrevê-los."
5. "A análise multirreferencial das situações, das práticas, dos fenômenos e dos fatos educativos propõe-se explicitamente como uma leitura plural de tais objetos, sob diferentes ângulos e em função de sistemas de referência distintos, não considerados redutíveis uns aos outros. Muito mais que uma posição metodológica, é uma postura epistemológica", (J. Ardoino, *Les avatars de l'éducation*, Paris, PUF, 2000, p. 254).
6. "Aqueles que, dentre nós, fazem repousar as ciências da educação na multirreferencialidade, sem referência às disciplinas científicas, nunca explicaram

em que condições ela pode conduzir mais a uma observação científica do que a um ensaio de idéias, talvez brilhante, mas aleatório" (J. Dumazedier [2000], *30 ans de sciences de l'éducation à Paris V*, PUF, p. 27).

7. Ao falar das ciências da educação e seus múltiplos enfoques, Michel Develay observa com pertinência: "Essa exigência de abertura e de coabitação alimenta o projeto de uma visão caleidoscópica do mesmo objeto, tornando-o assim mais translúcido. Além dessa intenção louvável, há uma dúvida: cada olhar disciplinar não se apropria do mesmo objeto enquanto seu ângulo de abordagem for específico, sua problemática distinta, sua metodologia e seus conceitos diferentes. De tal modo que se poderia crer estar reunindo abordagens que permanecem disjuntas..." (*Propos sur les sciences de l'éducation*, ESF, 2001, p. 118).
8. Aliás, não é por acaso que vemos os "cientistas da educação" refluírem para a ciência-mãe, que lhes garante uma estabilidade epistemológica (e o reconhecimento de sua "seriedade" pela comunidade científica...). Duvido que a "sistêmica", facilmente invocada, seja mais do que um simples véu que encobre uma disparidade de abordagens inconciliáveis entre si.
9. É preciso observar que a passagem do *Discours sur l'origine de l'inégalité* regularmente citado para fundamentar a educabilidade do homem põe em jogo dois princípios distintos: a perfectibilidade e a liberdade. A redução do segundo princípio ao primeiro é característica do naturalismo positivista, que é a filosofia oculta das "ciências da educação".
10. É a partir desse ponto de vista que J. Dumazedier convoca as ciências da educação à modéstia: "Como ficar surpreso que Philippe Meirieu seja, segundo a pesquisa de Christiane Etévé, o mais lido de todos nós, com La Garanderie e sua valorização da introspeção? Evitemos, pois, com as ciências da educação sem fronteiras, alimentar a velha ilusão intelectualista, que hoje está mais impotente do que nunca", *op.cit.*, p. 29.
11. O fato de não ser dita e expressada positivamente permanece na lógica da liberdade autônoma, que ninguém pode querer encerrar em palavras: é um *sonho despertado*, mas (contrariamente aos visionários da velha metafísica que levam a sério seus sonhos) Rousseau *sabe* que sonha e toma voluntariamente seus sonhos como sonhos (ver a nota do Livro 2). – Quem quer que afirme "sou autônomo" torna-se pelo menos dependente de sua afirmação. A liberdade é tomada no segredo da decisão, atemporal, depois ela se inscreve como pode na realidade, a menos que se satisfaça em sonhar como sendo a realidade. É esta última posição que tomará Rousseau, enquanto que Pestalozzi se debaterá com a primeira.
12. Tentei desenvolver esses avatares da liberdade para Rousseau, Kant, Pestalozzi e Fichte no comentário que introduzi na tradução de *Mes recherches*, Payot, p. 231 ss.
13. Um pedagogo dedicou-se a forjar conceitos que permitiriam alcançar a natureza infantil em sua "vida": Fröbel. Mas será que ele fez mais do que reconstruir conceitos? Ver M. Soëtard (1990), *Friedrich Fröbel. Pédagogie et Vie*, Armand Colin.
14. O exemplo mais impressionante é sem dúvida o *Poème pédagogique* de Makarenko, em que se vê desfilarem só nomes de crianças.
15. Montessori em relação à ciência psicológica, Freinet em relação à ciência social.
16. O caso é especialmente patente em Pestalozzi, cujos escritos de (mau) teórico são produzidos em correspondência com uma ação que encontra um obstáculo: ah, se o pedagogo pudesse pura e simplesmente agir!
17. M. Soëtard (2001), *Qu'est-ce que la pédagogie? Le pédagogue au risque de la philosophie*, ESF, p. 30 ss. J. Dumazedier, op. cit. p. 29, escreve no mesmo sentido: "O que se torna aquilo que se pode chamar *a invenção pedagógica* no dia-a-dia, aquela que encontra os meios de interessar, entusiasmar uma população de adolescentes cada vez mais heterogênea, cada vez mais rebelde ou indiferente à formação escolar

imposta? [...] Será que seu desenvolvimento não corresponde a uma dinâmica diferente daquela do ensino das ciências da educação? E será que não subestimamos demais a invenção pedagógica nos UER científicos?"
18. A obra dirigida por J. Houssaye, *Éducation et philosophie. Approches contemporaines* (ESF, 1999) oferece um panorama dos recursos que as filosofias podem empregar para esclarecer um determinado conceito educativo. Mas ainda se pode fazer uma interrogação sobre o pressuposto filosófico que dirige a escolha de uma determinada abordagem em detrimento de outra.
19. *L'éducation: une question philosophique*, Anthropos, 1998. Introdução.
20. Essa possibilidade sempre aberta da escolha entre razão e violência é exposta na introdução de *Logique de la Philosophie* de Eric Weil, Vrin, 2ª edição revisada, 1967.
21. Talvez seja a razão que explica a propensão dos pedagogos e dos "pedagogos históricos", em particular, a trabalhar de preferência fora da normalidade social: com deficientes (Montessori), delinqüentes (Makarenko), crianças autistas (Deligny)...
22. Os métodos centrados no sujeito – a entrevista sob todas as suas formas, a narrativa biográfica – não têm, é claro, nenhuma razão para fugir dessa exigência de universalidade.
23. Pode-se assim avaliar o efeito pedagógico desastroso que teve o tema da reprodução social sobre a ação pedagógica, paralisada por uma leitura fatalista da tese sociológica.
24. É o que me deixa reticente em relação às pedagogias fornecidas "à pronta entrega". Elas pecam pelas duas extremidades: uma definição restritiva da natureza humana que fornece o ponto de partida, uma intenção ideológica que encerra o educável no "método" em que são confundidos os meios e a intenção que lhes dá sentido. Faz-se então funcionar a pedagogia x ou y, ao passo que, na realidade, se está condicionando.

Referências Bibliográficas

ARDOINO J., *Les avatars de l'éducation*, Paris, PUF, 2000.
BEST F., "Pédagogie" in *Dictionnaire encyclopédique de l'éducation et de la formation,* Paris, Nathan, 1994.
CHARBONNEL N., *Pour une critique de la raison éducative*, Berna, Peter Lang, 1988.
DEVELAY M., *Propos sur les sciences de l'éducation*, Issy-les-Moulineaux. ESF editor, 2001.
DROUIN-HANS A.-M., *L'éducation: une question philosophique*, Paris, Anthropos,1998.
DUMAZEDIER J., *30 ans de sciences de l'éducation à Paris V*, Paris, PUF, 2000.
HAMELINE D., prefácio in Michel Roullet, *Les manuels de pédagogie 1880-1920,* Paris, PUF, 2001.
HOUSSAYE J., (coord.), *Éducation et philosophie. Approches contemporaines*, Issy-les-Moulineaux, ESF editor, 1999.
KERLAN A., *La science n'éduquera pas. Comte, Durkheim, le modèle introuvable,* Berna, Peter Lang, 1988.
MEIRIEU ph., *La pédagogie entre le dire et le faire*, Paris, ESF editor, 1995.
PESTALOZZI h. (1797), *Mes recherches sur la marche de la nature dans l'évolution du genre humain*, Paris, Payot.
PESTALOZZI H. (1801), *Comment Gertrude instruit ses enfants*, Albeuve (Suíça), Castella, diff. Centre Pestalozzi d'Yverdon.
ROULET M., *Les manuels pédagogiques 1880-1920*, Paris, PUF, 2001.
SOËTARD M., *Friedrich Fröbel. Pédagogie et Vie*, Paris, Armand Colin, 1990.
SOËTARD M., *Qu'est-ce que la pédagogie? Le pédagogue au risque de la philosophie*, Issy-les-Moulineaux, ESF editor, 2001.
WEIL E., *Logique de la philosophie,* Paris, Vrin, 2ª ed. Revista 1967.

4

Pedagogia e pedagogismo[1]

Daniel Hameline[2]

P.-H. Z. – Antes de se aposentar em 1997, você dedicou seus últimos ensinamentos de filosofia da educação ao pedagogismo. Você me dizia: "No início dos anos 1990, esse debate recomeçava a se inflamar na França..." Por que "recomeçava"?

D.H. – O debate praticamente jamais cessou desde que o ensino se generalizou e se sistematizou, digamos, desde o fim do século XVIII na Europa. Eu gostaria de mostrar isso, correndo o risco de simplificar um pouco, evocando duas figuras emblemáticas e antagônicas daquele momento: Pestalozzi (1746-1827) e Herbart (1776-1841). Pestalozzi é um sentimental raciocinador. Não desiste de encontrar o método de ensino popular, graças à aliança entre mão, coração e razão. Já Herbart é um sistemático. Pretende tornar científicas e definitivas as intuições de Pestalozzi. É na seqüência imediata de seus dois pensamentos que a pedagogia e o pedagogismo vão se desenvolver e formar esse par, hoje desacreditado.

P.-H. Z. – Mas estamos, desde então, longe de ver as disputas terminarem...

D. H. – O que faz perdurar a discórdia é que ela atinge a todos. Nosso embaraço a alimenta. Mas a esperança de nos liberar desse embaraço, por meio de posições extremas, alimenta-a mais ainda. Veja Pestalozzi. Ele sozinho encarna duas grandes tensões que, dois séculos depois, ainda comandam nossos debates.

A palavra e a coisa

A primeira dessas tensões, apenas enunciada, provoca a disputa! Isso poderia intitular-se *A palavra e a coisa*, para parodiar um título célebre! Pestalozzi constata que seus alunos não só não conhecem as coisas, mas também não sabem nem mesmo vê-las com inteligência. Para aprender a ver, é necessário um contato mínimo com a coisa. Contato pela manipulação, se for possível e oportuno. Contato pela visão, ou, ao menos, pela imagem. Fala-se, no século XIX, de ensino pelo aspecto.

Todavia fazer o inventário dos aspectos de uma coisa é dizê-la, tanto como vê-la ou tocá-la. O aluno deve dispor da palavra e, desde que possível, da palavra adequada. É certo que a palavra, sem a coisa, não é mais que *flatus vocis*. Palavras, palavras, palavras: é o horror "escolástico" do verbalismo, denunciado há séculos. Mas, ao contrário, a coisa sem a palavra, não é nada. Inominável, rigorosamente falando. A situação é pior. Ensinar, em qualquer nível que seja, é sempre encontrar uma posição de acordo provisório entre a *Anschauung*, a apreensão das coisas, e a nomenclatura. Conhecer é "contactar" a coisa: máximo de proximidade. Conhecer é nomeá-la: máximo de distância.

P.-H. Z. – Mas onde está o debate? Tudo o que você disse aí parece uma evidência que deveria convencer todo mundo...

D. H. – Não exatamente. Essa "posição de acordo provisório" que eu exalto, por que passa a *via media* pedagógica e não pedagogista, é um ponto de equilíbrio difícil de encontrar, tanto na teoria quanto na prática. Dois séculos de discussões pedagógicas estão aí para testemunhá-lo.

Ouça alguns: nomenclatura demais, verbalismo, "papagaíce", abstração sem experiência, discurso sem a experimentação dos fatos. Mesmo na educação física, substitui-se o exercício no trampolim por uma dissertação sobre o salto! Réplica imediata dos outros: você quer a morte do conhecimento, em benefício só da experiência bruta, o primado da vivência imediata sobre a apropriação pela linguagem, as mãos presas e o espírito obtuso, o triunfo da eructação e do borborigmo sobre a palavra elaborada, a derrota do pensamento diante da barbárie da sensação erigida em experiência primal, etc.

P.-H. Z. – Mas entre essas mútuas maldições extremadas, a *via média* que você recomenda não será apenas um meio de não descontentar ninguém, mas na qual ninguém se encontra?

D. H. – Pestalozzi vislumbrara que um método sadio residia nessa conjunção difícil e tateante da coisa e da palavra, do universo das coisas e do universo das palavras. Esse jogo da presença e da distância resume toda aprendizagem do pensamento. Conhecer é realizar uma dupla presença de ausência. É estar presente a coisas que não me "tocam", que até mesmo nunca me "tocarão". É estar ausente daquelas que me tocaram e me tocarão ainda por muito tempo. Falar adequadamente de Tombuctu onde jamais pus os pés: a operação é possível e legítima. Sirvo-me ousadamente das palavras dos outros. Introduzo nelas, furtiva e polidamente, as minhas. E, coisa aparentemente mais fácil, mas só aparentemente, falar adequadamente do *Pouliguen* onde usei meus tamancos e minhas calças curtas: a operação é possível e legítima. Aprendi a confeccionar corajosamente minhas próprias palavras. Eu as comparo polidamente às dos outros.

P.-H. Z. – Mas em que consiste, aqui, para o professor, a entrada em "pedagogia"?

D. H. – Entrar em pedagogia: a expressão fica ironicamente monástica em sua boca. Mas conservemos o termo 'entrada'. Pois aqui estamos transpondo um limiar. E nós o transpomos graças ao que Bertrand Schwartz chama de "pista dupla". Você notou? O quê, nesse exato momento, acabo de dizer sobre aquele que aprende, convém perfeitamente, no segundo grau, para qualificar a conduta daquele que ensina. Com que meios este último entra em pedagogia? Ele procura as palavras adequadas que permitem dizer, o menos mal possível, o que se elabora no seio da contradição efetiva que ele reconheceu como tal. Entra-se em pedagogia desde que a coisa (o que se faz e o que se tem intenção de fazer) é apreendida pela palavra. E essa palavra, para "convir", deve assumir uma contradição. É preciso que ela seja, ao mesmo tempo, tomada "em outro lugar" – onde ela foi validada por outras – e que emerja, "aqui e agora", de minha própria percepção daquilo que eu fabrico e do que acontece. E é porque ele emprega esse duplo comportamento, que Pestalozzi me parece um "pedagogo" e não somente um educador nem também cientista ou filósofo.

O pessoal e o impessoal

P.-H. Z. – Essa é, então, segundo você, a entrada na pedagogia. Se tenho apenas minhas palavras, conto minha pequena história e nada mais. Se tenho apenas as palavras dos outros, importo seus discursos, que correm o risco de estar muito deslocados. A salvação está no "entre", como você dizia a seus alunos. Mas você pode chegar a essa segunda tensão presente em Pestalozzi? Você diz que é preciso remontar até ele para compreender como ela ainda perdura nos debates contemporâneos.

D.H. – Essa tensão se exerce entre duas certezas que o habitam. Essas certezas são contrariadas pelos fatos. Contudo estes não conseguem fazer com que ele as perca.

Primeira certeza: a instrução das crianças do povo é questão de dedicação pessoal. Um coração que tem a coragem de amar achará os meios que convêm, mesmo na pior das situações. *Ama et fac quod vis,* como já dizia santo Agostinho. A *Lettre de Stans* (1799 – 1807) ilustra essas palavras.

Segunda certeza: a instrução das crianças do povo é questão de método impessoal. Os pioneiros do ensino popular sabem que a generalização da instrução obrigará os responsáveis a confiar o ensino a professores de inegável valor e de zelo aleatório. É indispensável fazer funcionar um método que, exclusivamente por sua coerência, atenue a inevitável mediocridade dos agentes. As cartas que formam a coletânea intitulada *Comment Gertrude instruit ses enfants* (1790-1792) mostram as tentativas de Pestalozzi nessa busca do método.

O balê pedagogia/antipedagogia vai, alternativamente desse pólo ao outro. Se o pedagogo exclama: "Engajamento pessoal! Engaje-se, reengaje-se pela causa das crianças!", o antipedagogo responde: "Não estamos aí, senhor, para ter afeição pelas crianças; somos profissionais que temos de tratar com o aluno na criança. E o aluno é um sujeito epistêmico que não se confunde com os encantos nem com os infortúnios da infância ou da adolescência!"

O pedagogo passa, então, ao discurso simétrico oposto e proclama: "Método! Dispositivos! Técnicas!" Réplica imediata escandalizada: "E o fator humano, senhor, o que é que você faz dele? Teria você esquecido a imortal palavra de Jaurès (aqui 'tirar o chapéu' [3] mental, pois chapéu físico é improvável): não se ensina o que se sabe... Ensina-se; não se pode ensinar senão o que se é."

O que é instrutivo é que, neste debate, todos os protagonistas têm um pouco de razão. Só um pouco. Se tivesse de comentar tais palavras com estudantes, eu mostraria aquilo em que eles são todos estúpidos e aquilo em que nenhum deles é incongruente.

P.-H. – Mas será impossível a síntese, no concreto de uma classe? Pode-se ser dedicado aos alunos, sem se deixar comer por eles. Métodos podem ser utilizados, sem transformar a aula em 'trabalhos forçados' para crianças...

D.H. – É isso que o estudo da história da educação nos ensina. Pergunte a Soëtard. Ele nos dirá que essas duas recriminações contrárias foram feitas a Pestalozzi: "Você se preocupa demais, Vater Pestalotz; todos esses vadios são pequenos ingratos!" "Você é um explorador de crianças e, sob pretexto de trabalhos manuais escolares, você os faz trabalhar para você..."A história pode ajudar-nos a distinguir, no caso que evocamos, diferentes sentidos recebidos da palavra "pedagogia" e as significações que podem ser dadas à acusação de "pedagogismo".

Pedagogia

Você se pergunta sobre uma síntese concreta possível: de uma parte, uma "presença" para os alunos, antes positiva e dedicada; de outra parte, engenhosidade para inventar ou adaptar exercícios *standard*. É pedagogia, no sentido mais banal da palavra. É o exercício inteligente do ofício. Isso dependeria, de alguma forma, dos hábitos profissionais de que fala justamente Philippe Perrenoud. Porém se, nessa ocasião, já se fala de "pedagogia", é que essa "presença" e essa engenhosidade podem ser aprendidas. Podem melhorar com a reflexão, deteriorar-se com o uso. E, para permitir à profissão reencontrar-se em suas tarefas, é preciso ter, sobre a matéria, um propósito mínimo comum. E esse propósito comum será talvez o de responder a perguntas como: "Até onde a presença? Até onde a engenhosidade?"

P.-H. Z. – Reencontra-se aqui o que você dizia, ainda há pouco, da "entrada" em pedagogia. Cada um é convidado a falar. Mas não pode fazê-lo senão empregando, mais ou menos sistematicamente, as palavras dos outros. Não obstante o meio docente é freqüentemente apresentado como resistente à pedagogia...

D. H. – A resistência à pedagogia é uma alergia profissional que pode, inicial e simplesmente, estar ligada ao desejo que se tem de não se fatigar demais. Isso existe e é humano. Em segundo lugar, pode haver coquetismo em não se reconhecer "pedagogo". O meio logo escarnece quando se manifesta um ardor um pouco vistoso demais, essa falta de gosto que é o excesso de zelo.

Porém a constância dessa alergia não pode se bastar com essas explicações muito fáceis. E é preciso fazer imediatamente uma importante precisão. A maior parte dos críticos do pedagogismo inaugura seus discursos com uma declaração simultaneamente solene e provocativa: eles não têm nada contra a pedagogia e pretendem até fazer prova disso com seus alunos, sem necessidade de ir consultar Meirieu, Perrenoud e seus semelhantes. Por minha parte, reconheço, de bom grado, a verdade disso. Muitos antipedagogos são excelentes professores.

P.-H. Z. – Mas em quem eles põem a culpa, então, e em que as aventuras de Pestalozzi lhes dizem respeito?

D.H. – Pestalozzi, eu disse, é habitado por uma dupla certeza: dedicação pessoal e método impessoal são os dois constituintes da instrução pública. Mas essa dupla certeza o divide de certo modo. Para sair desse desconforto, ele tem duas alternativas. Chamemos pedagógica a primeira; pedagogista, a segunda.

A primeira saída é instalar amadoristicamente uma conciliação, engenhosa na prática, mas insuficiente na teoria. E como ele deseja, apesar de tudo, pensar um mínimo sobre o que elabora. Ele entra em pedagogia e constitui para si uma "teoria prática".

P.-H. Z. – Você cita, se bem me lembro, essa bizarra expressão empregada por Émile Durkheim em seu célebre artigo "Éducation" do *Dictionnaire de pédagogie* de Ferdinand Buisson (1911).

D.H. – Exatamente. Ela lhe serve para designar esse mínimo de pensamento ao qual todo ator é levado se quer constatar claramente o que faz, e se ele tem de justificar isso. Trata-se, no fundo, de uma espécie de "doutrina", ainda que provisória e revisável, que não concebe vastos desígnios...

Em compensação, pode-se tentar superar tal contradição entre dedicação pessoal às crianças e tecnicidade impessoal dos métodos, sistematizando uma doutrina que assume a amplitude de um vasto projeto sobre o aluno. Para seu bem, evidentemente. Mas isso não é menos perigoso... E é esse projeto que pode fazer passar da pedagogia ao pedagogismo.

Ou essa sistematização será deliberada: você terá uma teoria da educação que as práticas deverão operacionalizar, ou então ela ficará implícita – uma vez que existe sistematização implícita. E é, muitas vezes, a mais resistente. Você terá, então, uma ideologia. E a crença no poder do projeto e em sua boa fundamentação farão parte de um pensamento julgado conforme à natureza e à aculturação dos homens uns pelos outros.

A autonomia dos educandos

P.-H. Z. – Você pode dar um exemplo pelo menos?

D.H. – A coisa é fácil. Tome o discurso – comum desde o fim do século XVIII – sobre a função emancipadora da instrução e seu papel no acesso dos homens a um acréscimo de autonomia. Estamos diante de uma das mais honoráveis ideologias da modernidade educacional. Hoje, quem quer o bem das crianças pode não querer sua autonomia? Você pode levantar-se em uma assembléia e declarar que é contra a autonomia dos seres humanos? Impossível. Pestalozzi, em Neuhof, entre 1773 e 1780, quer instruir para emancipar. Mas ele formula um projeto de educação que engloba essa intenção de instruir e tenta explicar o motivo disso. Pode-se decompor seu pensamento sobre a educação em três etapas. Trata-se inicialmente de uma "teoria prática", no sentido de Durkheim. Pestalozzi inscreve como um componente lógico do acesso à autonomia, a auto-suficiência de seu ambiente educacional. Essas crianças mais bem-instruídas, supostamente, suprem melhor suas necessidades, assim como as da comunidade. Mas – é a segunda etapa reflexiva – essa auto-suficiência só é compreendida com fundamento em uma doutrina social: essas crianças, que o educador ama e cujo desenvolvimento deseja, ele aspira a que permaneçam "povo", porém que, continuando povo e camponeses, não se deixem explorar pelos burgueses citadinos. Elas são treinadas para a autonomia, tal como é ensinada a autodefesa! Terceira etapa reflexiva: o educador se põe a "pensar" essa condição do "povo que permanece povo". Ele percebe isso como uma maior conformidade das pessoas do povo à sua natureza e como uma maior proximidade com a natureza.

P.-H. Z. – Mas, segundo você, não se trata mais, nessa terceira etapa, de uma "teoria-prática", como cada professor pode ter uma, para melhor compreender o que faz. A entrada em pedagogia desemboca em uma verdadeira filosofia social, até mesmo em uma ideologia do humano...

D.H. – Pestalozzi construiu uma idéia da infância. É em função dessa idéia que ele atribui à obra educativa um poder e uma legitimidade. É em função dela também que ele "tangencia" o "pedagogismo". Mas devemos especificar que ele desconstrói essa idéia e a reconstrói, mais do que a constrói. E é essa capacidade de se deixar instruir pelos fatos que o salva do "pedagogismo". Como bem demonstrou Michel Soëtard, Pestalozzi, esclarecido pelos extravasamentos da Revolução Francesa, não compartilha mais a crença rousseauniana em uma primitiva inocência paradisíaca da infância. E os vagabundos de que ele se ocupa em Stans (1799) lhe confirmam que a violência e a má-fé são sociais, mas que elas são de origem. Todavia, as pérolas e as pepitas estão lá intactas, no meio da lama...

P.-H.Z. – Suponho que essas imagens evangélicas são aquelas que Pestalozzi emprega...

D.H. – Sim, mas essas imagens, *in situ*, são pouco romanescas. A "teoria prática" que elas metaforizam é exigente. Tenho sob os olhos verdadeiras ferinhas bem à vontade em um estado de servidão que elas tomam por emancipação. Se eu não estabeleço como minha "verdade" – e a sua – que elas são, apesar de tudo, capazes de autonomia moral – e da mais alta – não tenho, por nem mais um instante, nada a fazer, nem por que me consumir nessa tarefa impossível.

P.-H. Z. – O educador necessita uma crença. Porém não será pedagogista essa crença?

Três variantes do pedagogismo

D.H. – Não. Trata-se de uma espécie de aforismo de moral profissional. Em contrapartida, podem ser destacadas, desde o fim do século XVIII, três variantes possíveis de pedagogismo. A primeira é a variante ideológica. Retomemos o exemplo da educação para a autonomia. Proclama-se que se façam alunos autônomos, no momento em que (se) disfarça sua sujeição precoce ao sistema de produção, tal como no tempo de Pestalozzi, no curso da revolução industrial, onde ela começa a se instalar. A "pedagogia" como teoria da autonomia, por exemplo, é então um caso de falsa consciência, que Joseph Gabel descrevia em seu tempo (1962). O pedagogismo tem a ver com a cegueira do pedagogo.

P.-H. Z. – *La Fausse conscience*: ainda um livro notável e insuficientemente lido...

D. H. – A segunda variante é demiúrgica. Tem-se por necessário, até mesmo natural, esse vínculo entre o total desenvolvimento individual "autônomo" e a integração na sociedade, e se atribui ao sistema educacional a produção desse homem, consoante a ordem das coisas. A teoria pedagógica da autonomia, para retomar o mesmo exemplo, é então um caso de conformação utópica a um modelo consagrado. O pedagogismo tem a ver com a hipermetropia do pedagogo.

A terceira variante é sócio-histórica. Relativiza-se o vínculo entre o desenvolvimento integral e a sujeição sob a forma da autonomia. Faz-se dele um caráter singular de nossa cultura, e perecível com ela. Julga-se esse vínculo imposto por uma conjuntura em relação à qual o poder de uns e de outros é fraco. O pedagogismo tem a ver com a miopia do pedagogo.

P.-H. Z. – Você não nos deixa uma escolha muito entusiasmante: cego, hipermetrope ou míope? E por que não ambliope ou cego de um olho?

A contradição e a escapada por um triz

D. H. – Façamos um elogio moderado aos míopes. Sempre na mesma época, Emmanuel Kant formula sua célebre definição da autonomia da vontade. Ele vê nela a base da moralidade universal. Ora, o empreendimento filosófico de Kant participa de um movimento historicamente situado. O movimento da *Aufklärung* pretende emancipar as consciências do poder das pessoas da Igreja. Essa obra kantiana é, pois, relativa a uma conjuntura. Porém Kant conhece a relatividade de sua pretensão. E, conhecendo-a, ele tenta construir um pensamento da autonomia – e um pensamento da educação para a autonomia pela autonomia – que é suscetível de escapar desse triplo pedagogismo. Mas veja que o exemplo de Kant, como o único meio de não ser pedagogista, é resolver-se a pensar a educação... e a se reencontrar como pedagogo.

P.-H. Z. – O que você quer dizer exatamente, além de seu prazer de jogar com as palavras?

D. H. – Pensar a educação aqui – pensar, por exemplo, a articulação entre o desenvolvimento integral do indivíduo e sua integração social – é ver nisso uma contradição cuja superação teórica é impossível quando as conseqüências práticas disso são consideráveis e ambivalentes. A única coisa que é possível assumir pelo pensamento é reconhecer essas três derivações que acabo de descrever e mostrar que elas se contrariam, oferecendo ao pensamento da educação escapar por um triz.

Tome a primeira variante. É uma operação de salubridade para a pedagogia, como para a ciência da educação, saber que a falsa consciência ameaça sempre, mas é um alívio para o pensamento avaliar que ela não é fatal. Se a falsa consciência fosse um fenômeno fatal, seria impossível a qualquer pessoa isolá-la e designá-la como tal: o explicador, também prisioneiro dessa falsidade fatal, seria ele mesmo cego. Ora, ele é apenas míope. Como seu antagonista! E dois míopes podem corrigir-se mutuamente.

P.-H. Z. – O *double blind* da Escola de Palo Alto (1956) reafirmava essa contradição a seu modo: "Bom Deus, mexe-te um pouco sem que sejas chamado..." É uma ordem estúpida, pois diz uma coisa e seu contrário, mas pode-se evitá-la?

D.-H. – Também penso, certamente, no célebre pedido que um *bambino* fez à *dottoressa* Montessori: " Ajuda-me a fazer sozinho..." O menino diz uma tolice lógica, mas o habitual da experiência humana mostra que é um pedido judicioso.

Neutralizar os pedagogismos uns pelos outros

Continuemos o exame das outras duas variantes, se você quiser. Há pedagogismo por jactância demiúrgica: "Vamos restaurar a natureza, naturalmente". Esse pedagogismo "segunda maneira" é neutralizado quando encontra o pedagogismo "terceira maneira", aí está a constatação de que não se pode não ser "de seu tempo": "não estamos mais no tempo das cavernas!". Mas, no pensamento, essa neutralização ativa não é simples de promover porque convida a assumir a contradição e, sobretudo, a torná-la portadora – e somente ela – de sentido e de resultados...

E Pestalozzi: pedagogo ou pedagogista?

P.-H. Z. – Para terminar com Pestalozzi, para você, ele é um pedagogo ou um pedagogista?

D. H. – O que preserva Pestalozzi do pedagogismo é que ele gagueja e é pobre! É também que ele participa de uma das convulsões mais extraordinárias da história moderna: a Revolução Francesa e suas seqüências imediatas. Ele viu o despotismo da lança substituir o despotismo da coroa. Viu a plutocracia fundir-se com a aristocracia ou sucedê-la. Viu os sinais exteriores da riqueza e da distinção ficarem ao alcance dos novos Rastignac. Ele se faz empresário, mas não ousa esmagar os outros. Continua humanista. Pratica a generosidade, não a utopia. E é o que o salva.

P.-H. Z. – Mas ele continua um discípulo de Rousseau...

D. H. – Conserva de Rousseau a convicção de que a sociedade é responsável pela perda da inocência primária. Uma educação renovada, voltando às suas fontes naturais, pode trazer de volta aos homens essa luminosa humanidade, cujo detentor privilegiado, porque mais próximo da primitividade, é o povo, com a condição de que permaneça povo.
Acreditar no povo, no selvagem e na criança, como se reverencia uma espécie de messias natural: eis o que faz esta pedagogia cair no pedagogismo. O pensamento vai encontrar-se fechado na aporia de toda restauração da natureza: para restituir ao educando a espontaneidade de sua natureza, é preciso reforçar o artifício do educador.

P.-H. Z. – Se o pedagogismo já é encontrado na origem da pedagogia, porquanto Pestalozzi passa por ser o primeiro "pedagogo" moderno, por que você se obstina em fazer estudar Pestalozzi?

D. H. – Porque tirar o véu do pedagogismo não é condenar a pedagogia, mas, ao contrário, reforçar-lhe as probabilidades, uma vez que, de todas as maneiras, você apenas pode substituir uma doutrina por outra. Sem doutrina, no mínimo sem "teoria prática", não há pedagogia, mas simplesmente hábitos. Nanine Charbonnel mostrou convincentemente que os educadores "naturistas" negaram a pedagogia do modelo enquanto a praticavam realmente, o que não significa que eles "moldavam" as crianças.
Há pedagogismo no momento em que a explicação e a prescrição educativas se tornam monológicas. Ora, as hesitações de Pestalozzi, seu pensamento tortuoso e difícil, testemunham por ele definitivamente. Um profundo pensamento de Alexandre Vinet – essa alta consciência da Suíça francesa – no século XIX (1797-1847), afirma que o ecletismo é obrigado, em pedagogia, para que a pedagogia se limite à pedagogia. Pois, de sua parte, uma pedagogia do modelo, erigida em imitação obrigatória e convencionada, pode perverter-se em uma tentativa insensata de modelagem humana...

Herbart e a razão pedagógica

P.-H. Z – Você dizia há pouco que Herbart retomou as intuições de Pestalozzi e que nossas querelas contemporâneas eram também o prolongamento dos debates suscitados em torno do herbartianismo ao longo do século XIX...

D. H. – Herbart (1776-1841) é um filósofo alemão bastante singular. Esse excelente músico afasta para longe a efusão, a poesia, o romantismo, a inspiração, o entusiasmo, o sentimento, a fantasia. A filosofia nasce na ciência e com a ciência. Herbart coloca a aprendizagem humana na ordem inversa daquela de seu contemporâneo Charles Fourier (1772 – 1837). Para este, a inteligência sempre vem somente "no prolongamento das paixões". E, como destacava Jeanine Filloux, o único problema do ensino se reduz então à seguinte questão: como fazer com que uma moça que gosta de culinária, goste de matemática?...

P.-H. Z. – ... ou que admire Courbet!

D. H. – Para Herbart, ao contrário, como dirá Grégoire Girard, que retoma neste ponto seu pensamento: "Age-se como se ama, mas ama-se como se pensa". Quem pensa corretamente, ama corretamente. Ensinar é um empreendimento racional que consiste, de início, em fazer pensar corretamente.

P.-H. Z. – Lembremos que Grégoire Girard (1765-1850) é um grande educador friburguense, um dos fundadores do ensino popular na Suíça.

D. H. – Por sua vez, o diretor das Escolas Normais do Cantão de Vaud, François Guex (1861-1918), no primeiro quarto do século XIX tentará fazer adotar na Suíça francesa a expressão herbartiana: "ensino educativo".

P.-H. Z. – É uma expressão bizarra que parece um pleonasmo...

D. H. – Não exatamente. A expressão quer significar que, dentre todas as atividades pelas quais os seres humanos exercem influência uns sobre os outros, é o ensino – e somente ele – que se julga assegurar a mais humanizante das influências.

P.-H. Z. – No entanto, em seu curso, você citava uma frase de Herbart que parece não conceder o primeiro lugar à aquisição dos conhecimentos: "O valor de um homem se mede por seu querer e não por seu saber.".

D. H. – É verdade. Herbart parece, em um primeiro momento, seguir aí um lugar-comum "educacionista". Porém ele corrige vigorosamente esse lugar-comum quando acrescenta: "É da penetração mais ou menos completa das idéias pela instrução que se forma o caráter."

P.-H. Z. – Portanto, para Herbart, se estou compreendendo bem, a instrução tem primazia sobre a educação.

D. H. – Sim. E é o que deveria ser muito mais levado em conta nos debates franceses contemporâneos que opõem "instrucionistas" e "educacionistas". O principal "fourierista"[4] do pedagogismo é um pensador que engrandeceu a instrução. Herbart conserva a definição kantiana da educação: promover o ser humano na direção da perfeição de sua humanidade, mas faz do ensino a estrada real dessa perfeição.

P.-H. Z – Mas por que você diz, então, que Herbart é o "principal fourierista do pedagogismo"? O pedagogismo é muitas vezes descrito como uma depreciação do ato de transmitir, em favor da efusão e da expressão "espontânea"

D. H. – Parece que Herbart, embora pouco "espontaneísta", é um dos promotores do psicologismo!

P.-H. Z. – Então eu não o compreendo mais. Poder-se-ia pensar que Herbart se junta a Condorcet, se faz do ato de instruir o ato fundador dessa promoção do humano de que você fala.

D. H. – É verdade. Herbart e Condorcet têm em comum a convicção de que a razão tem primazia sobre o sentimento. Ama-se como se pensa, e não o inverso. Ora, o psicologismo do século XX., alimentado na psicanálise, na *humanistic psychology* ou mesmo na psicologia genética, tende a impor o lugar-comum contrário: não se pensa jamais senão como se ama. O afeto é primeiro, primitivo, fundador.

P.-H. Z. – E, se eu bem entendo, não é absolutamente isso o que pensa Herbart. Em que consiste o que você chama de seu "psicologismo"?

D. H. – O que Herbart preconiza está na lógica dessa prioridade que ele concede à instrução. Herbart quer construir uma ciência do aluno que aprende. Para ele, quem quer que conheça cientificamente a psicologia do aluno pode deduzir dela, simultaneamente, as regras de uma progressão da lição e a maneira de articular entre elas as áreas de estudo do programa, o que ele chama de "concentração". Os professores são pessoas do ofício, destinados a aplicar esta ciência. Essa ciência se aprende, e nessa função, a pessoa se exercita.

A influência de Herbart foi muito grande. A escola herbartiana quase fez a lei em pedagogia durante todo o século XIX. Em 1896, no congresso escolar suíço de Genebra, por ocasião da exposição nacional, Herbart foi celebrado como o pensador que tirou definitivamente a pedagogia da rotina e dos bons sentimentos.

Do aplicacionismo em educação

P.-H. Z – Seguindo seu entendimento, o que se diz de Herbart há um século é o que se dizia de Piaget há vinte anos ainda. Não?

D. H. – Não exatamente. Mas o paralelo é ilustrativo. E a substituição é historicamente comprovada. Estudei de perto o "falso triunfo" de

Herbart no Congresso de 1896. A psicologia que ele constrói é um conhecimento especulativo, bastante surpreendente aliás. Essa psicologia utiliza, pela primeira vez, modelos matemáticos, mas não tem nenhuma base experimental nem clínica. Com Piaget, desde 1921, e já com Claparède desde 1905, é essa dupla base que será buscada, porém a perspectiva, a despeito das reticências de Piaget, que recomenda prudência na transposição continua a mesma. Na vulgata piagetiana – não digo nos grandes pesquisadores piagetianos –, a boa pedagogia só pode ser uma aplicação da psicologia do desenvolvimento cognitivo.

Esse é um dos objetos da discórdia. É uma primeira seqüela de Herbart e do herbartianismo nos debates atuais. Permita-me dizê-lo com palavras em -ismo: a pedagogia se torna pedagogismo quando se pratica o aplicacionismo. E um aplicacionismo limitado só ao horizonte da psicologia. Uma psicologia que, na vulgata da formação, é, ao mesmo tempo, uma psicomoral que se disfarça a si mesma. Herbart, mas sobretudo seus discípulos, como Ziller ou Stoy, tornaram rígido esse aplicacionismo, desde a metade do século XIX. Para eles, por meio dos exercícios propostos nos famosos seminários pedagógicos universitários de Iena (1844, depois 1874) e de Leipzig (1862), a prática do professor em aula constitui uma operacionalização de leis pedagógicas, elas próprias deduzidas de uma ciência fundadora.

P.-H. Z. – E é esse aplicacionismo que você denunciou desde 1972, se me refiro a um artigo de *Orientations*...

D. H. – Sim. Faz trinta anos que assinalei o impasse do aplicacionismo... Explicar o como e o porquê do ensino não pode resumir-se a comparar observações, ainda que exatas, sobre a psicologia diferencial dos atores em oposição, nem mesmo a identificar em crianças concretas a psicologia geral do aluno abstrato. Nesse *site* humano que é a aula, relações sociais têm "lugar", e sua chave, do mesmo modo que aqui e agora, está em outro lugar e de modo diferente.

P.-H. Z. – Mas não haverá um risco: o de passar de um aplicacionismo a outro? A sociologia, por exemplo, não tomaria o lugar da psicologia...

D. H. – Existe um risco inegável, à medida que a intimidação marxista, que se fez mais discreta, é às vezes substituída por uma referência sociológica de aparência menos militante e mais objetiva. Pode-se fazer ao sociólogo a censura que se fazia a Herbart: a de adotar a mesma posição dominante.

P.-H. Z – O que você disse me faz pensar no projeto *Rhapsodie,* cujos promotores, nos anos 1970, foram nossos colegas do Serviço da Pesquisa Sociológica de Genebra: Walo Hutmacher, Philippe Perrenoud e seus colaboradores. Era justamente uma tentativa de abandonar o que você chama de a "posição dominante". A intenção deles era associar professores e sociólogos, em princípio, em igualdade de condições, no seio de uma pesquisa-ação sobre a diferenciação das aprendizagens. Era a época em que eu mesmo dirigia, com Bertrand Schwartz na Universidade, uma pesquisa participativa que visava a admissão eventual de estudantes sem o diploma de "madureza".[5]
Todas estas tentativas tinham como ambição associar os atores que trabalham no exercício da profissão, na observação, nas hipóteses e nas decisões.

D. H. – É verdade. O que é que resta disso? O que resta dos enormes esforços coletivos de um projeto como *Rhapsodie*? Quanto tempo duraram tais equipes mistas? Como se consolidou ou se deteriorou a relação dos pesquisadores profissionais e dos professores? Para retomar uma distinção preciosa, proposta outrora por Jean-Claude Filloux (1971. Cf. 1972): "fazer pesquisa" e "estar em pesquisa" são duas abordagens que não põem em relevo nem as mesmas expectativas nem os mesmos objetivos. Na realidade, eram os sociólogos que tocavam para frente o projeto, que dispunham do tempo, que investiam inteligência e energia e, sobretudo, que, uma vez protegida a objetividade em seu "lugar", revelavam-se os verdadeiros militantes.[6]

P.-H. Z. – Estaria você disposto a mandar Bourdieu e o bourdieunismo juntarem-se a Herbart e ao herbartianismo no cemitério das imposturas?

H. D. – Não. Pois, a despeito de minhas reservas, penso que à sociologia da educação podem ser creditados dois méritos próprios.
Inicialmente ela fornece "ao que se fabrica aqui e agora", não somente legitimações doutrinárias, mas explicações factuais que permitem pensar melhor o que acontece. Não digo que essas explicações constituem uma assistência prática em uma situação concreta. Conhecer a estatística da escalada da incivilidade nas classes dos colégios em "zona sensível" é de pouco auxílio, concretamente, para um (a) professor(a) atingido (a), *hic et nunc*, pela grosseria de seus alunos.

P.-H. Z. – Saber que você não é o único a queixar-se nunca consolou muita gente...

D. H. – Convenhamos, contudo, que a percepção sociológica do fenômeno, de suas formas e de suas causas, pode contribuir não só para romper o isolamento, mas para suscitar réplicas mais coletivas, mais institucionais. E, conseqüentemente, ela pode diminuir a culpabilidade que o ator tende a interiorizar como falta sua, ou a projetar como a falta só do interlocutor imediato.

E, acima de tudo, a abordagem sociológica, salvo quando se reduz a alimentar o fatalismo – é o risco que ela corre – continua a ser, ainda hoje, uma conduta que não é natural. É nisso, paradoxalmente, que ela encontra sua força explicativa. Ela contraria a tendência a reduzir o segredo das relações humanas a histórias "naturais" de alcova... ou a falatórios de salas de professores, isto é, à "psicologia" para uso que temos uns dos outros.

P.-H. Z. – Mas Herbart não tinha a intenção de buscar em sua experiência cotidiana os elementos de sua psicologia "científica"...

D. H. – Certo. Se eu comparo a psicologia herbartiana à sociologia de hoje, é porque essa psicologia de Herbart não era em nada a retomada de uma psicologia natural. Esta, por exemplo, distingue espontaneamente faculdades. Fala-se da inteligência, da memória, da imaginação, da afetividade, da emoção, etc., como se se tratasse de entidades singulares reais, das quais as pessoas seriam mais, ou menos, dotadas. Herbart contraria radicalmente esta crença "natural". Ele afirma que o espírito humano funciona como um todo; e essas categorias triviais não têm nenhuma utilidade científica.

Ora, tal menosprezo pelos hábitos de pensamento de todo mundo constitui um segundo pomo de discórdia. Herbart erige em referência explicativa da atividade dos professores em suas aulas uma ciência que ele chama de psicologia. Essa ciência contraria as idéias que essas pessoas iguais a todo mundo têm espontaneamente. E ela está nas mãos de especialistas. Como conseqüência, os professores se sentirão dominados por observadores que terão a pretensão de conhecer melhor que eles o que eles mesmos fazem.

P.-H. Z. – Mas, você já disse, a psicologia herbartiana não é mais praticada por ninguém...

H. D. – É verdade, mas a abordagem de Herbart permanece. Estabelece-se como científico um discurso sobre as práticas docentes, que as descreve melhor e lhes prescreve o melhor, ao mesmo tempo. Inaugura-se, assim, a ciência – depois as ciências – da educação como antagonistas do conhecimento originado da experiência e da reflexão sobre ela. Seja a psicologia herbartiana, a epistemologia genética de Piaget, a sociologia de Marx ou de Bourdieu, a psicanálise freudiana, a antropologia de Lévi-Strauss, a epistemologia de Bachelard, etc., visto que seu campo de investigação é o que acontece no ensino, duas legitimidades, dois tipos de competência se defrontam...

P.-H. Z. – Práticos contra teóricos?

A rejeição da tutela

D. H. – Talvez você se surpreenda, mas tenho a tendência a dizer não. Essa oposição "práticos/teóricos" não serve para quase nada. Ela é, simultaneamente, de uma grande inconsistência por sua banalidade conceitual e de uma grande rigidez por sua simbólica binária. Ela fabrica imagem, e da má. Na realidade não há, de um lado, os que pensam e, de outro, os que não pensam.

P.-H. Z. – No entanto, Daniel, um dos principais agravos que você mesmo teve de suportar, quando fazia formação, é de se deixar tratar por "teórico puro". Diante de você, seus interlocutores se apresentavam como "práticos", e eles não o aceitavam se você não pudesse exibir essa qualidade de "prático", única garantia de uma palavra legítima.

D. H. – É verdade. Encontrei freqüentemente essa rejeição, e aconteceu de eu produzir minhas próprias práticas de formador para fazer ouvir minha proposição. Mas essa oposição binária não esgota o contencioso. Ela o mascara. A reivindicação de fundo tem por objeto o controle do pensamento. Há, sem dúvida, muitos professores que não se cansam muito em pensar sua prática. Há mesmo alguns que se vangloriam de cultivar essa ignorância. Mas pesquisadores que não pensam, ah! Isso também se encontra! Em compensação, há uma minoria forte, e que dá o tom cultural ao corpo docente, para recusar que outros que não eles – e, sobretudo, "especialistas" – tenham a pretensão de pensar aquilo que eles mesmos se julgam suficientemente competentes e perfeitamente legitimados a pensar. Assim, uma outra raiz do antipedagogismo se prende à rejeição desta tutela, acentuada em alguns pela dúvida sobre a pertinência dos trabalhos efetuados. Mas essa atitude não visa à pedagogia, se se entende por isso o que eu tentei definir anteriormente. Seja essa arte menor – arte de lojista – de enfrentar, sem demasiada ininteligência, a adversidade das tarefas cotidianas, seja essa "teoria prática" confeccionada para retomar o que se faz, por meio de uma palavra sensata e revisável...

P.-H. Z. – Mas, então, o que acontece com a tutela de quem se rejeita com tal veemência?

D. H. – Essa rejeição visa a dois objetos desastradamente confundidos. Em primeiro lugar, ela põe a culpa nas "ciências da educação", como laboratórios de construção de conhecimentos e gabinetes de estudos de auxílio à decisão. Em segundo lugar, rejeita uma certa "pedagogia dos pedagogos" quando estes têm a pretensão de deter as propostas sobre a educação ou sobre o ensino, quando se fazem propagandistas de uma doutrina, seja esta subversiva, ou oficial, ou, pior ainda, quando a oficial pega a subversiva para impô-la como a única "correta". Compreendo que professores reajam pela rejeição, tanto das ciências da educação quanto da pedagogia, e proponham outras construções doutrinais para explicar o que eles elaboram.

P.-H. Z. – Mas a pedagogia como arte de lojista, para retomar sua fórmula, ou como "teoria prática", para voltar a Durkheim, não encontrou seus próprios pensadores?

D. H. – Talvez tenha sido Philippe Perrenoud que assegurou a promoção dessa pedagogia à posição de disciplina intelectual. Perrenoud verdadeiramente renovou a inteligência do que se fabrica nas classes. E é isto que me faz considerá-lo um pedagogo. Contudo ele não concorda com isso. E ele mesmo se reivindica como sociólogo. Pratica uma sociologia da proximidade, uma espécie de etnossociologia das condutas costumeiras, que são verdadeiras ciências humanas.

Pedagogias e pedagogismos

P.-H. Z. – Tenho um pouco a impressão de que circulamos de Pestalozzi a Herbart, de Piaget a Perrenoud, e definimos a ou as pedagogia(s), ou o(s) pedagogismo (s) à medida que conversamos. Você poderia retomar resumidamente o que constitui, a seu ver, os elementos chaves do debate entre os pedagogos e os antipedagogos?

D. H. – Volto inicialmente à língua corrente. Ela fornece o qualificativo "bom pedagogo" que comporta um julgamento de valor. Reconhecemos com isso que existe uma arte de ensinar, uma experiência do ofício, cujo discurso é mais ou menos elaborado e é denominado, sem rigor, de "pedagogia". É publicamente notório que todos os professores não fazem prova disso no mesmo grau.

Mas, uma vez colocada essa constatação, começa o tempo das perguntas. Quais são os critérios para julgar "boa" uma pedagogia? Esses critérios são objeto de um acordo unânime? Do professor de séries iniciais "severo, mas justo", ao professor universitário "capaz de cativar um auditório", ao professor "próximo dos alunos" ou que "domina perfeitamente sua matéria", é possível desenhar muitas figuras, das quais nenhuma é desprovida de alguns traços de sombra.

P.-H. Z. – Mas pode alguém mostrar-se "pedagogo", nesse sentido, sem ter "aprendido a pedagogia" nem estudado as ciências da educação? Será que essa arte é ensinada nos institutos de formação? Muitos duvidam disso.

D. H. – Eu direi que, se todo "ofício" se aprende no próprio exercício da atividade, toda profissão se aprende por alternância. O papel dessa alternância não é uniformizar o conhecimento, mas articulá-lo. As palavras que permitem compreender uma ação empreendida não são forçosamente aquelas que se aprendeu em curso de formação. Sobretudo quando essas palavras são, mais que os portadores de uma ciência, os signos de pertença de uma cultura ou até mesmo de uma tribo. Falar com pertinência daquilo que se faz não é apelar para os conceitos eruditos deslocados de seus lugares próprios nem se reportar aos lugares-comuns aceitos como evidências. A validade dos lugares-comuns tem a ver com o fato de eles serem utilizados com conhecimento de sua invalidade.

P.-H. Z. – O que você quer dizer com esse paradoxo? Será que o retórico não se livra de apuros, mais uma vez, jogando com as palavras?

D. H. – Não. Não pratico aqui a astúcia retórica. Lembre-se do exemplo que evocamos: a noção de autonomia, tal como vai e vem no discurso admitido. Essa noção é um lugar-comum. Sua função é manter o mal-entendido sob as aparências do consentimento geral. É preciso então riscá-lo de nosso vocabulário? Não. Quando sustentamos um discurso sobre aquilo que se faz, corremos o risco do lugar-comum. Sem lugares-comuns, não há meio de se fazer entender. Todavia só a resistência "conceitual" aos lugares-comuns torna possível o pensamento. É nesta contradição viva que se situa a validade da proposição sobre o que se constrói.

P.-H. Z. – O que você chama de antipedagogismo ilustra uma dupla atitude: celebrar a arte de ensinar e desconfiar dos que dão lições quando não são eles mesmos que as dão. Mas não se resume nisso. Toda uma filosofia da educação está presente nos argumentos utilizados. Você pode retomar um pouco, de maneira concentrada, o que me disse ao longo de nossa conversa?

B. H. – Três rejeições me parecem constituir o fundo da antipedagogia contemporânea. Os graus de racionalidade e de paixão são variáveis nela.

Primeira rejeição, a de um psicologismo naturalista que faria da prática docente a aplicação de uma ciência que enunciaria as leis da natureza infantil ou adolescente.

Segunda rejeição: a do conluio desse naturalismo, às vezes de convicção ecológico-naturista, com uma pesquisa da tecnicidade em busca de resultados, de performances, de rentabilidade, que revelaria a cada passo uma adesão à ideologia do liberalismo econômico.

Terceira rejeição: a do conluio desse naturalismo e desse tecnicismo com uma celebração das diferenças, que nega a universalidade em benefício dos tribalismos ou das comunidades, que apaga a "mesmidade" solidária dos homens, para opor-lhe a indiferenciação igualitária de "cada um como quer", porta aberta a todas as facilidades e às renúncias.

Os conhecimentos não são coisas

P.-H. Z. – E o que você pensa dessa tripla rejeição? O que diz sobre isso a seus alunos genebrinos nesse curso de filosofia da educação intitulado "É prejudicial ensinar"?

D. H. – Cada uma dessas rejeições traz em si mesma o risco de seu próprio excesso. A primeira leva a denunciar, e às vezes, de modo muito polêmico, até mesmo estúpido, o *slogan* claparediano (1905) atribuído ingenuamente a um recente ministro, do "aluno no centro" do sistema. Pode-se até fazer remontar a fórmula a uma época mais antiga! Foi o próprio Octave Gérard, aquele que Jules Ferry chamava de "o primeiro professor primário da França", que, em 1884, atribuiu a Adolphe Diesterweg (1790-1866) e a seu *Wegweiser zur Bildung von Lehrer* (1835) o mérito de ter feito do aluno "o centro da classe" (*sic*)... Compreender como aprende alguém a quem se pede que aprenda exige do mestre que ele se "descentre" resolutamente de si mesmo. Se a fórmula lembra essa exigência, eu não vejo o que tem ela de escandaloso. Ora, "O que é aprender?" continua uma questão da qual se ocupam muitos homens de ciência, desde os adeptos das neurociências até os psicanalistas, passando pelos sociólogos...

P.-H. Z. – O que fazer com o que nos ensinam (!) todas essas pessoas?
D. – H. – Em contrapartida, essa primeira rejeição obriga a reintegrar a função professoral em sua dimensão cultural e, mais ainda, culturalizante. E essa mobilização é saudável. Os conhecimentos ministrados pelos professores não são coisas. Fazer deles resíduos programáticos dos quais os alunos devem apropriar-se para "recolocá-los" mais, ou menos mal, nos exames, é uma concessão escandalosa ao espírito utilitário que procurará sempre instrumentalizá-los. Mesmo "rudimentares", os conhecimentos estruturam a personalidade e constroem a sociabilidade. Eles valem por si mesmos. Seu lugar é também o "centro", em que Claparède e antes dele, Diesterweg colocam legitimamente o aluno. O termo "conteúdos", que serve às vezes para designá-los, é um qualificativo particularmente não-aprovado, mesmo que a desastrada metáfora da verbosidade torne corrente seu emprego. Transmitir esses conhecimentos é, nesse "centro", assegurar o famoso "reencontro incerto" de que falava Gusdorf em *Por que professores?*, em 1963.
P.-H. Z. – O que você está descrevendo é muito belo no ideal. Mas vá contar isso nas salas de professores, e você provocará risos! Na realidade, não é mais o aluno senão os conhecimentos que estão "no centro", como você diz, mas as exigências contraditórias dos pais, a banalização da incivilidade, a desigualdade das áreas de estudo, a crise do colégio único, a necessidade da preparação para o *baccalauréat*, ou ainda, a aplicação das trinta e cinco horas de trabalho para os professores!
D. H. – Acredite que eu vejo os limites dessa primeira rejeição ao pedagogismo. Esse discurso é muito idealizante. De outra parte, ele é freqüentemente muito injusto para com Philippe Meirieu, por exemplo, cuja obra continua a ser uma das mais estimulantes do momento. Mas esse discurso comporta um defensor para a função tradicional e instituidora da transmissão dos conhecimentos. E, nisso, ele constitui um apelo de exigência. Contra todos os sinais cotidianos do desvio utilitarista generalizado, ele reafirma a dignidade social e a responsabilidade humana de uma profissão. E obriga a atribuir a si uma filosofia da pessoa que aprende, que não trata os saberes como coisas, e uma filosofia dos saberes a aprender, que não trata a pessoa que aprende como uma coisa. O homem está, no centro, na articulação desses saberes. E esta é "incerta", isto é, ela corre o risco de falhar.

"Taylorizar a instrução para valorizar a educação?"

P.-H. Z. – Que lição você tira da segunda rejeição, a de tecnicizar o ato de ensinar?

D. H. – Ainda aí, caso se trate somente de uma resistência a uma modernização dos meios, essa rejeição não parece muito inútil. Mas a segunda rejeição não se resume a essa resistência. Ela denuncia uma assimilação freqüentemente despercebida: aqueles que, em nome do respeito à natureza, querem o desenvolvimento integral dos indivíduos são, várias vezes, os mesmos que encerram esses indivíduos em dispositivos técnicos de observação, de controle, de avaliação, que se parecem com um vasto sistema de fichamento concentracionário.

P.-H. Z. – Foi o que você quis mostrar, eu penso, quando expôs *Agir et construir*, por ocasião do centenário do nascimento de Jean Piaget, em 1997. Você escolheu ilustrar o tema da criança ativa sob observação, um tema que tem muita importância para você, se bem me lembro de uma conferência que você fez em 1983. Na exposição Piaget, você fez uma espécie de carrossel. Crianças se ativavam "em liberdade" em uma área de jogos paradisíaca, mas rodavam, sem saber, em uma máquina, que uma galeria de grandes pedagogos, situada mais acima, observava, supervisionava, avaliava, com um olhar com certeza benevolente.

D. H. – O que eu guardo de positivo na rejeição ao tecnicismo não é a aversão ao taylorismo. Pode-se ter boas razões de acusar Taylor. Mas é infantil opor uma desarrazoada recusa de realidade a qualquer exigência de racionalidade imediatamente confundida com uma medida da "eficiência". Nossa colega Linda Allal, que é americana, fazia notar, há alguns anos, que o vocabulário americano da avaliação escolar não tem o equivalente de nosso termo francês "rendimento". Mas explicar *attainment* – é o termo americano – impõe-se a qualquer um que faça com que outros realizem algo que supostamente os beneficia.

P.-H. Z. – Então, o que você guarda de positivo nessa segunda rejeição, a do pedagogismo tecnicista?

D. H. – É a idéia de que querer enquadrar os homens para seu bem não deixa de ter seus efeitos perversos; nossa sociedade encontra nisso um de seus mais instrutivos paradoxos. A suscetível reivindicação de autonomia se acompanha de uma dependência aumentada e, sobretudo, desejada, como se reivindica a proteção de uma providência. Uma das epígrafes que mais aprecio em meu livro sobre *Les objectifs pédagogiques*,[7] é o verso da cena 4 do IV ato de *Britannicus*. Narciso a Nero: "Senhor, eu previ tudo para uma morte tão justa". O pedagogo renuncia a prever tudo. O pedagogista previu tudo. E é a morte que ele prevê naturalmente.

A liga dos gêmeos

P.-H. Z. – E a terceira rejeição? É a da diferença entre os alunos e suas maneiras de aprender? No entanto é uma evidência que Camille não trabalha como Eden, que não trabalha do mesmo modo que Dany ou Micky...

H. D. – Se a terceira rejeição é apenas a miserável facilidade que um professor se concede de evitar essa realidade incômoda, tal rejeição não merece que alguém se detenha nela. Existe diferença. E não é um mal!

Em compensação, o que é um mal, e particularmente pernicioso, é a sacralização da diferença. Essa sacralização, freqüentemente mal-formulada, diz respeito à mentalidade ao mesmo tempo comunitarista e individualista de nossos contemporâneos. "Quanto a mim, eu..." e "Nós, os..." são duas fórmulas banalizadas que dizem muito sobre quem pensa pequeno. Mas eu vi intelectuais lutarem por essa sacralização, a ponto de se tornarem assustadores.

P.-H. Z. – Você gostaria de evocar o "ano da diferença", organizado em 1995 em Genebra pelo Museu de Etnografia, sob a égide de nosso amigo Bernard Crettaz?

H. D. – Sim, por exemplo: Crettaz, esse magnífico Rabelais, que também teria lido Montaigne – com uma intenção etnográfica das mais louváveis – queria fazer um inventário da abundante diversidade das culturas, por meio do espaço e do tempo. Convidava, com isso, a um enriquecimento mútuo. Porém alguns dos que trabalhavam com ele iam mais longe na luta: chamavam abertamente grupos para a reivindicação de sua diferença e convidavam seus membros a constituir comunidade com eles.

Foi assim que fui convidado para uma mesa-redonda sobre os gêmeos. Tenho um irmão gêmeo monozigótico, e somos irmãos de gêmeos também monozigóticos... A intenção dos organizadores era, na verdade, dizer aos gêmeos que lá se encontravam: vocês são uma categoria humana à parte, façam valer sua diferença, organizem-se...

	Convidado a tomar a palavra, eu os contrariei redondamente. O que é mais formador, doloroso mas formador, na construção da personalidade de um gêmeo? É separar-se de seu duplo.
P.-H. Z. –	"Esse estranho vestido de preto que se parece a nós como um irmão..."
D. H. –	É necessário transformar o vínculo de necessidade, que a natureza e a primeira educação nos impuseram, em um vínculo de eleição: desejar que aquele ser, porque é amado por nós como nenhum outro, seja absolutamente ele mesmo. A pertença ao gênero humano é reconhecida como questão sua. É mais importante para um gêmeo ser um homem do que ser um gêmeo. A sala, evidentemente, estava cheia de gêmeos ou gêmeas, mas um fenômeno impressionou todos nós: não havia um só par deles. Nenhum dos gêmeos que lá estavam sentiam a necessidade de exibir seu duplo. E todos se reencontravam em minha fala. Sua afeição eletiva por seu monozigoto era, sem nenhuma dúvida, um vínculo sem medida comum com o quer que fosse, mas a prova de sua força é que o outro era livre de não estar lá.

Livre de não estar lá

| P.-H. Z. – | O que você acaba de dizer sobre esse vínculo que se transforma em desapego poderia nos fornecer uma definição pedagógica – e não pedagogista – da educação: "a prova de sua força é que o outro é livre de não estar lá"? |
| D. H. – | Essa definição é pedagogista se não leva em conta a raridade, na experiência humana, da "liberdade de não estar lá". Seria preciso dialogar ainda muito tempo sobre essa fórmula para conferir-lhe um sentido no pensamento, que não seja simples recondução do lugar-comum ou conversa ardilosa do enigma. Fico silencioso diante de seu poder de meditação. E desejo fazê-la passar ao leitor, sem mais comentário. |

Notas

1. Esta contribuição é constituída por partes do último capítulo de uma coletânea de diálogos inéditos entre dois ex-professores da Universidade de Genebra.
2. Entrevista com Daniel Hameline por Pierre-Henri Zoller.
3. Em francês *coup de chapeau* é 'tirar o chapéu', no sentido de respeito, de cumprimento e de marcar sua admiração por alguma coisa.

4. N. de T. Alusão a Fourier; "... partidário das idéias de Fourier (Charles), teórico socialista francês" (*Grande enciclopédia Larousse Cultural*).
5. A *"maturité"* (madureza) é o diploma de conclusão de estudos secundários, equivalente ao *baccalauréat* na França.
6. Em uma apaixonante entrevista com Daniel Bain, Walo Hutmacher (2001) faz um balanço muito lúcido, mas mais positivo, dessa operação *Rhapsodie*.
7. Paris, ESF éditeur, (12ª ed.)

Referências Bibliográficas

CHARBONNEL N., *La Tâche aveugle*, vol. III: *Philosophie du modèle*, Strasbourg, Presses Universitaires de Strasbourg, 1993.
FILLOUX J., *Du Contrat pédagogique*, Paris, Dunod, 1974.
FILLOUX J.-C., "Le processus enseigner-apprendre et la recherche en science de l'éducation" in *Attention! Écoles*, Paris, Fleurus, 1972, p. 269-297.
GABEL J., *La Fausse Conscience*, Paris, Éditions de Minuit, 1962.
GIORDAN A., *Pourquoi des professeurs?* Paris, Payot, 1963.
HAMELINE D., *Les Objectifs pédagogiques*, Paris, ESF (12ª ed.), 1999.
HAMELINE D., Art. "Autonomie", in *Questions pédagogiques. Approche historique*, sob a direção de J. Houssaye, Paris, Hachette, 1999.
HAMELINE D., VONÈCHE J. et al., *Jean Piaget. Agir et construire*, Genebra, Musée d'ethnographie et Fapse, 1997.
HUTMACHER W., "Naissance et évolution du Service de la recherche sociologique genevois" in, D. Bain, J. Brun, D. Hexel & J. Weiss (ss la dir.) (2001), *L'Épopée des entres de recherche en éducation en Suisse 1960-2000*, Neuchâtel, Institut de recherche et de documentation pédagogique, p. 243-280.
MEIRIEU Ph., *Apprendre, oui... Mais comment?* Paris, ESF, 1987.
MEIRIEU Ph., Le Bars S., *La machine-école*, Paris, Gallimard, 2001.
PERRENOUD Ph. *Métier d'éléve et sens du travail scolaire*, ESF, 1994.
PERRENOUD Ph., *La pédagogie à l'école des différences*, ESF, 1995.
PERRENOUD Ph., *Développer la pratique réflexive dans le métier d'enseignant*, Issy-les-Moulineaux, ESF, 2001.
PESTALOZZI H. (1790-1792), *Comment Gertrude instruit ses enfants*, tradução, introdução e notas por M. Soëtard, Albeuve (Suiça), Castella, 1985.
PESTALOZZI H. (1799/1807) *Lettre de Stans*, tradução e introdução por M. Soëtard, Yverdon-les-Bains, Centre de documentation Pestalozzi, 1985.
PESTALOZZI J. H. (1777-1780), *Écrits sur l'expérience du Neuhof*, prefácio de Ph. Meirieu, tradução de P.-G. Martin. Études de P.-Ph. Bugnard, D. Tröler, M. Soëtard, L. Chalmel, Berna, Peter Lang, 2001.
REBOUL O., *Qu'est-ce qu'apprendre?* Paris, PUF, 1980.
SOËTARD M., Introdução in Pestalozzi, J. H. (1797), *Mes recherches sur la marche de la nature dans l'évolution do genre humain*, Lausane, Payot, 1994.

5

Existem saberes pedagógicos?[1]

Michel Fabre

A pedagogia produz saber, um saber que ela seria a única capaz de produzir? Se é o caso, trata-se de um saber comunicável nas formas canônicas da pesquisa ou, antes, de um saber mais ou menos esotérico e transmissível somente pelas vias da imitação ou até mesmo da iniciação?

A questão só tem chance de êxito caso se consiga distinguir saber e saber sem dissolver a noção. Mas essa operação poderia igualmente desempenhar um papel obscurecedor, visto que permitiria esquivar o problema, remetendo a pedagogia para o lado dos *savoir-faire*, ou então, dos saberes de ações, até dos saberes de experiência. Não se concederia, então, à pedagogia um poder reflexivo, uma reflexão em ação senão para tirar-lhe toda pretensão teórica, toda reflexão sobre a ação. Assim, a velha oposição entre a teoria e a prática permitiria, uma vez mais, sair-se bem, sem prejuízo. Não seria isso, reconduzir a pedagogia a uma arte, à arte do educador? O que responder, então, aos estudantes de ciências da educaçao desejosos de empreenderem uma tese de pedagogia? Inversamente, poderia comparar-se a pedagogia a um discurso prescritivo ou justificativo, distanciado, ao mesmo tempo, das práticas efetivas e das ciências. Essas duas maneiras simétricas de liquidar a questão produzem os mesmos efeitos. Como mostra a história dos debates sobre a escola, a desvalorização da pedagogia leva inevitavelmente ao cientificismo. Ou a pedagogia, questão de simples prática, que depende de um dom ou de uma experiência adquirida no exercício da profissão, é desconsiderada em proveito somente da lógica dos saberes a transmitir, ou então, considera-se que, doravante, as ciências (as ciências humanas e mesmo as ciências da educação) podem fundar a ação educativa.

Querendo-se evitar tais desvios, é preciso indagar-se sobre a existência de um espaço intermediário entre teoria científica e reflexão em ação. Aliás, ganhar-se-ia em inteligibilidade, caso se raciocinasse sobre várias disciplinas de ordem praxiológica, como a medicina, a política ou a estratégia. Pode-se conceber um saber irredutível ao saber científico e, no entanto, distinto de um simples *savoir-faire*? Esse saber é reconhecido como bastante consistente para satisfazer os cânones da pesquisa universitária? Em outras palavras, teses em pedagogia são concebíveis? E em que condições?

O que é a pedagogia?

Esse questionamento exige que se esclareça previamente o estatuto epistemológico da pedagogia. É isso que tenta Émile Durkheim, desde o início "da" ciência da educação, do alto de sua cátedra da Sorbonne, onde sucede Ferdinand Buisson.[2] Essa análise se mostra incontornável, pois ela desdobra uma rede conceitual que permite pensar o que é próprio da pedagogia. Durkheim, com certeza, fica fascinado pelo cientificismo, mas produz, ao mesmo tempo, os instrumentos intelectuais que permitem se libertar dele.

O triplo sentido de "pedagogia"

A reflexão de Durkheim (1985, p. 51) parte da idéia de educação. A educação é a ação exercida por determinada geração sobre as gerações seguintes, "aquelas que ainda não estão maduras para a vida social". Quem excede nisso desenvolve uma "arte", a arte do educador. Dir-se-á dele que é um bom "pedagogo" ou então um educador "com galões". Uma arte – diz Durkheim – "é um sistema de modos de fazer, que são ajustados para fins especiais e são o produto, seja de uma experiência tradicional comunicada pela educação, seja da experiência pessoal do indivíduo" (1985, p. 79). Para Durkheim, um professor das séries iniciais, por exemplo, não se nasce "pedagogo", mas se torna "pedagogo", seja por sua formação prática em Escola Normal, seja por sua experiência profissional. É que a arte exige "o contato com as coisas sobre as quais deve exercer-se a ação, e ao agir ele mesmo" (ibid.). A arte depende, portanto, da prática, da ação, e não da teoria dessa ação. Indubitavelmente a reflexão pode vir esclarecê-la, mas ela pode muito bem nutrir-se apenas de rotinas. De qualquer maneira, a arte empreende, a rigor, uma reflexão em ação, mas não uma reflexão sobre a ação.

O segundo nível de sentido concerne precisamente à pedagogia como reflexão sobre a ação educativa. Assim entendida, a pedagogia não é mais uma prática, mas uma teoria. Não é mais uma maneira de praticar a educação, mas uma maneira de concebê-la. Enquanto a arte do educador pode depender somente da rotina ou da tradição, aqui se trata de teoria educativa, de elaboração intelectual específica, freqüentemente, aliás, em ruptura com as tradições. Se a educação é sempre a mesma, a reflexão pedagógica não surge senão quando precisamente a rotina ou a tradição faltam, e a inovação é requisitada.

Essa reflexão pedagógica pode formalizar-se em doutrina. Durkheim evoca, assim, a pedagogia de Rabelais, de Rousseau, de Pestalozzi. É o terceiro sentido do termo. A reflexão sobre a ação se apóia em um conjunto mais ou menos compósito de proposições metafísicas, éticas e pragmáticas ao mesmo tempo. É o nível do discurso pedagógico tal como o analisam Olivier Reboul (1984), Daniel Hameline (1986), Nanine Charbonnel (1988) ou Alain Vergnoux (2000).

Durkheim distingue, então, rigorosamente três sentidos da noção de pedagogia: a pedagogia como arte do educador; a pedagogia como reflexão sobre a ação educativa; por fim, a pedagogia como doutrina educativa. Para Durkheim, é necessário privilegiar o segundo nível de sentido. A dimensão reflexiva se mostra a mais esclarecedora: a pedagogia "consiste em uma certa maneira de refletir sobre as coisas da educação".

Pedagogia e ciências da educação

Durkheim quer legitimar uma abordagem científica dos fenômenos educativos e simultaneamente reservar para a pedagogia um espaço próprio, irredutível à prática, bem como à ciência. A pedagogia não é, pois, uma prática. É, sim, uma teoria, mas uma teoria não-científica, praxiológica: uma reflexão sobre a ação educativa em vista de melhorá-la. Enquanto as pretensões "da" ciência da educação são da ordem da compreensão, ou da explicação dos fenômenos educativos, a pedagogia visa a julgar ou a transformar a ação educativa. O objetivo das disciplinas praxiológicas não é realmente "descrever ou explicar o que é ou foi, mas determinar o que deve ser" (Durkheim, 1985, p. 77).

Para distinguir ciência da educação e pedagogia, Durkheim aposta em suas diferenças de intencionalidade. Inicialmente, é a educação suscetível de uma abordagem científica? Uma ciência, diz Durkheim, requer um objeto bem-definido e reclama um ponto de vista teórico sobre tal objeto. Ora, o que se chama educação remete a um conjunto de práticas, de instituições, de fenômenos observáveis, suficientemente estabelecidos, suficientemente definidos e de uma homogeneidade satisfatória. O objeto existe realmente. Uma ciência da educação que leve em conta esse objeto, de um ponto de vista teórico, isto é, de maneira desinteressada, é, portanto, possível. Com efeito, quer se trate de descrever ou de explicar, "a ciência começa no momento em que o saber, qualquer que seja, é pesquisado por si mesmo" (p. 71). Durkheim exclui da atitude científica toda intenção de avaliação. O cientista "diz o que é; constata o que são as coisas e se detém aí. Não se preocupa em saber se as verdades que descobre serão agradáveis ou desconcertantes, se é bom que as relações que ele estabelece permaneçam o que são, ou se seria melhor que fossem diferentes. Seu papel é exprimir o real, não julgá-lo" (ibid., p. 71). O que caracteriza a atitude científica é a ausência de todo julgamento de valor. Mas é também o desinteresse pelas conseqüências práticas da pesquisa. Certamente, diz Durkheim, o cientista não ignora que suas descobertas serão utilizadas. Ele pode até escolher seu objeto de estudo em função da demanda social, porém, como cientista, e no tempo de sua pesquisa, ele não tem de se preocupar com possíveis impactos de seu trabalho.

Sem dúvida, essa é uma concepção positivista da postura científica que poderia ser questionada do ponto de vista de uma sociologia do conhecimento, ou mesmo de um ponto de vista estritamente epistemológico. Essa posição tem, contudo, o mérito da clareza. Continuando, Durkheim isola dois grupos de problemas que, segundo ele, comandam a ciência da educação: os problemas de gêneses, relativos à história comparada das instituições e das práticas educativas, e os problemas de funcionamento dos sistemas ou dos dispositivos. A ciência da educação é, portanto, a História comparada, a sociologia da educação e a pedagogia experimental.[3] Durkheim dá dois exemplos de pesquisa: a sociologia da indisciplina escolar e a avaliação da eficácia dos métodos pedagógicos. Ainda aí, seria possível julgar redutora a posição de Durkheim, visto que muitas das disciplinas das ciências da educação atuais não levariam nisso nenhuma vantagem.

Afora essas reservas, a análise permite delimitar a intencionalidade específica da pedagogia. Ciência da educação e pedagogia têm o mesmo objeto – a educação – mas não o consideram sob o mesmo ponto de vista. A pedagogia, na verdade, "não estuda cientificamente os sistemas de educação, mas reflete sobre eles, para fornecer à atividade do educador as idéias que o orientam" (ibid., p.79). Pode-se, então, levantar as duas restrições características da postura científica: a pedagogia dá relevo ao julgamento de valor, pois o que lhe interessa são exatamente as conseqüências da ação educativa. Ela é, por conseguinte, indissociavelmente crítica e prescritiva. Todos os grandes pedagogos, assinala Durkheim, "são espíritos revolucionários, insurgidos contra os usos de seus contemporâneos" (ibid., p. 77) que se esforçam em fazer tábula rasa do passado para construir o novo. É que a pedagogia é inteiramente aplicada entre rotina e inovação. E seu esforço teórico tem por efeito precisamente fazer aparecer como obsoletas as práticas mais experimentadas. É porque o que se chama "pedagogia tradicional" designa sempre apenas um refúgio ou um rechaço.

Vê-se que a análise de Durkheim se fundamenta nas modalidades temporais das intencionalidades científicas ou pedagógicas. Em outras palavras, ciências da educação e pedagogia não vivem ao mesmo tempo. A ciência se interessa pelo passado ou pelo presente: ela se esforça por traçar gêneses, ou, ainda, descrever ou explicar funcionamentos.

Disciplina	Tipo de problemas	Interesse	Orientação Temporal	Objeto	Estatuto
História	Gênese	Descrever Explicar Comparar	Passado	Instituições Práticas	Teoria: Ciência
Sociologia	Funcionamento	Descrever Explicar	Presente	Instituições Práticas	Teoria: Ciência
Pedagogia experimental	Efeitos	Medir	Presente	Práticas	Teoria: Ciência
Pedagogia reflexiva	Projeto	Crítica Conselho Fundamento da ação	Futuro	Práticas	Teoria para a ação
Arte de fazer	Funcionamento	Eficácia	Presente	Práticas	Prática

A pedagogia, ao contrário, volta-se para o futuro, visto que ela visa a um possível progresso.

Caracterizar as disciplinas praxiológicas, no entanto, mostra-se difícil, por permitir funcionar o par teoria/prática, que parece remeter sempre à oposição de uma ciência pura e a um puro agir sem pensamento. É por isso que Durkheim busca um intermediário entre a arte e a ciência e constrói esse monstro conceitual de "teoria-prática". A pedagogia, como a política, a estratégia, ou, ainda, a medicina (aquela do médico de família antes que a do especialista), não é uma arte, é uma teoria, mas uma teoria que tem como função orientar a ação. Temos, diz Durkheim, de tratar com "combinações de idéias" e não com "combinações de atos", o que aproxima a pedagogia da ciência. Mas essas "combinações de idéias" são todas vizinhas dos atos que elas têm por função orientar, são "programas de ação", o que aproxima a pedagogia da arte. A pedagogia é, portanto, uma "teoria-prática", uma atividade teórica orientada para a ação. Em suma, a ciência é da ordem do saber compreender ou explicar; a arte põe em relevo o saber-fazer, e a pedagogia do saber sobre o fazer, que é, ao mesmo tempo, um saber para fazer.

Durkheim não esclarece completamente sua distinção entre ciências e disciplinas praxiológicas porque quer conciliar dois imperativos: a exigência imediata de reformas educativas e a necessidade de fundamentar as ciências da educação no paradigma positivista da época. Para ele, trata-se de combater dois sofismas simétricos: o "sofisma de ciência" e o "sofisma de ignorância". O cientificismo, "esse puritanismo científico" (ibid., p. 82) convidaria ao oportunismo: não reformemos nada enquanto nosso saber sobre a educação não for ciência certa! Inversamente, a impaciência reformadora gostaria de agir e nada saber. Aos reformadores, Durkheim objeta a necessidade da reflexão: a ação não espera, com certeza, mas não façamos uma coisa qualquer! Às ciências ele opõe a urgência da ação: a reforma da escola não pode esperar que a ciência tenha resolvido a dificuldade. A função da pedagogia aparece, então, claramente. Quando a tradição não basta, e a ciência ainda não compareceu ao encontro, trata-se de gerir a crise da educação com um pouco de ciência e muito de consciência.

Qual é, afinal, o estatuto da pedagogia como "teoria-prática"? A educação é sempre a mesma, mas a necessidade da pedagogia não aparece senão quando a educação apresenta problemas. A Idade Média – essa "época de conformismo" – não tinha necessidade dela. Ao contrário, as sociedades modernas, de evolução rápida, criam obsolescência e secretam crises de repetição. A pedagogia hoje se torna, assim, "uma função contínua" (ibid., p. 83). Quando tudo muda, uma educação "maquinal" não é mais possível. A pedagogia é, então, "a força antagonista da rotina", o que permite vencer os obstáculos "aos progressos necessários" (ibid.). Porém essa permanência da pedagogia não resolve a questão de seu estatuto epistemológico. Sobre o que podem fundar-se as disciplinas praxiológicas? Se a ciência e a ação dependem de duas ordens distintas e irredutíveis, então a pedagogia fica, por assim dizer, suspensa no ar. O próprio da reflexão é precisamente analisar os contextos, sondar as intenções, avaliar os efeitos e tomar decisões, na incerteza sempre, e freqüentemente na urgência. Durkheim evoca bem esses riscos da ação, mas de uma forma ambígua, na qual ele dá com uma mão e retoma com a outra: "A ação jamais é sem riscos: a ciência, por mais avançada que possa ser, não poderia suprimi-los" (ibid., p. 82). Em suma, respondendo aos cientistas que queriam fundar a pedagogia sobre as ciências da educação, Durkheim não lhes concede finalmente o essencial? Fundar cientificamente a pedagogia, hoje, com certeza, não é possível onde a ciência da educação não existe "senão no estado de projeto" (ibid., p. 80), mas amanhã talvez, amanhã sem dúvida!

O modo como Durkheim vê a cultura pedagógica dos futuros mestres não suscita a ambigüidade, bem ao contrário. Recusando, de uma parte, o que chama a "literatura utópica", ou, ainda, os sistemas pedagógicos (Rousseau, Pestalozzi...) e, de outra parte, o formalismo de um "código abstrato de regras metodológicas", é, na verdade, às ciências da educação que ele atribui a grande vantagem. A história das práticas e das instituições educativas deveria garantir contra as tentações de fazer inconsideradamente tábula rasa do passado. E é a ela que Durkheim volta a propor os "fins que a educação deve perseguir em cada momento do tempo" (ibid., p. 88). Quanto aos meios de alcançar esses fins, é à psicologia que se deve solicitá-los, tanto para individualizar o ensino quanto para a condução da aula. Não se poderia evidentemente – hoje como ontem – conceber uma cultura pedagógica sem as ciências da educação. Resta que se pode indagar-se que papel estas desempenham. Trata-se somente, para o futuro pedagógico, de certificar "um certo número de proposições que é importante não ignorar" (ibid., p. 89)? Ou se trata, antes, de fundamentar cientificamente a pedagogia? Durkheim salienta que essa cultura permitiria ao pedagogo desenvolver "uma certa atitude do espírito face aos problemas que lhe compete tratar", mas sem, por isso, demorar-se sobre o que poderia constituir a especificidade das problemáticas pedagógicas.

Será que Durkheim escapa verdadeiramente à fascinação pela ciência aplicada? Ele nos fornece, de preferência, a matriz de todas as nossas hesitações sobre as relações entre ciências da educação e pedagogia. Tanto é verdade, que a tentação cientificista persegue sempre a preocupação reformadora.

A reflexão pedagógica como prudência

Para eliminar a ambigüidade da análise "durkheimiana", seria preciso distinguir, à maneira de Althusser (1974, p. 57), verdade e correção. Se as ciências se definem por uma intenção de verdade, a política (e mesmo a filosofia, para Althusser) se empenha em traçar, no interior de uma conjuntura englobante, uma linha de força, uma linha de ação. Assim, o político Lênin, por exemplo, não faria "nada senão refletir para infleti-la, *uma relação de força na qual ele próprio é apanhado e é parte ativa* (ibid.,p. 61). As disciplinas praxiológicas (a política, a estratégia, a medicina, a pedagogia) se caracterizariam, assim, pela preocupação da linha justa: uma linha que não seria um impasse nem uma linha de fuga.

Essa distinção entre verdade e correção confirma, na realidade, a oposição aristotélica da ciência e da prudência. Com Aristóteles, surge, com efeito, uma nova concepção das relações entre teoria e prática, concepção historicamente efêmera, pois ela rompe com o platonismo e se desvanece já com o estoicismo. Essa concepção está contida em duas teses: a) há cisão no interior da razão, entre uma razão teórica e uma razão prática; b) a prática não é consagrada ao irracional. A inteligência da prática depende de uma razão, mas de uma razão outra: é preciso pensar um intelectualismo prático.

A prática não depende, pois, da ciência (ou, para Aristóteles, da sabedoria), mas sim da prudência. Entre o racional e o irracional, é preciso colocar, para compreender a ação, um domínio intermediário, o do razoável. Essa distinção não existe em Platão, para quem o sábio regula sua prática conforme a ciência, visto que a verdade e o bem se confundem. A *República* delineará, aliás, os contornos de uma "epistemocracia", de um governo do sábio, porque só aquele que penetra a essência das coisas pode dirigir a cidade, cuja organização deve calcar-se na ordem do mundo. A política não é, afinal de contas, senão uma cosmologia da história. Quanto ao estoicismo, ele reintegrará bem rapidamente a prudência na sabedoria. Se a história manifesta o *logos* divino, a suprema liberdade só pode residir na aceitação do destino. Será preciso, em Aristóteles, toda uma filosofia da contingência e do acaso para manter firme tal distinção: uma cosmologia da prudência, segundo a expressão de Pierre Aubenque (1963).

O que é a prudência? No livro VI da *Ética a Nicômaco,* Aristóteles trata das virtudes intelectuais. Se as virtudes morais, como a justiça ou a temperança, visam à ação moralmente boa, essa intenção exige a determinação de um "meio-termo" entre os extremos. É a obra das virtudes intelectuais, como a prudência, que Aristóteles define como "uma disposição prática acompanhada de regra verdadeira, concernente ao que é bom e mau para o homem'. A prudência é, pois: a) uma disposição moral (*exis*), uma virtude, e não uma ciência; b) uma disposição prática (que concerne à ação), e não uma arte (que concerne à criação); c) uma disposição intelectual (que, portanto, implica um certo tipo de conhecimento); d) uma virtude, mas uma virtude "crítica", que não concerne diretamente à escolha em si – em outras palavras, à retidão da intenção ou à determinação dos fins – mas aos critérios dessa escolha ou, ainda, às questões de meios.

A prudência depende, pois, do julgamento concernente à ação. O homem prudente – Péricles, por exemplo – é aquele a quem se reconhece a aptidão de decidir convenientemente o que é bom para si mesmo e para os seus. A prudência tem a ver, portanto, com a faculdade de deliberar. É uma virtude "política", de alguma forma: a espécie de bom senso daquele que dirige corretamente uma família ou uma cidade, ou, ainda, uma aula!

Deve-se compreender essa virtude de prudência na unidade de suas três dimensões: ontológica, retórica e política. O momento ontológico depende do sentido do *kairos,* a oportunidade de agir. Como dizia Durkheim, o tempo da ação não espera! Isso seria, contudo, não apreendê-lo senão negativamente. A prudência concerne, na realidade, à ocasião, ao tempo oportuno, uma espécie de meio-termo no tempo: nem demasiado cedo nem demasiado tarde! A determinação do tempo oportuno não é evidentemente ciência. Igualmente, ela não pode operar-se sem uma espécie de graça. A dimensão retórica concerne à deliberação ou à busca do meio-termo. É preciso examinar as diferentes soluções possíveis, para escolher a melhor, não a melhor em termos absolutos, mas a melhor segundo as circunstâncias. Se a prudência realça a retórica deliberativa (aquela do conselheiro), é porque ela diz respeito ao provável e não ao certo; ao contingente e não ao necessário, o que a distingue radicalmente da ciência. Por fim, o momento político é o da decisão. A deliberação se conclui por uma escolha. O possível se torna objeto do querer. É, por exemplo, o voto da assembléia que se segue à discussão, a decisão pedagógica que engaja a ação.

Para Aristóteles, há, portanto, um abismo entre a ciência e a ação. Nenhuma ciência pode fundar a ação. Resta conceber suas relações com novos encargos! A ciência dá relevo ao imutável e ao eterno; à prudência, ao histórico e ao mutável. O raciocínio científico incide sobre o necessário e dá relevo à demonstração lógica; a prudência incide sobre o contingente e o provável e salienta a argumentação teórica. Não há ciência a não ser do geral, ao passo que a prudência implica uma atenção às situações e aos contextos e não pode legislar no absoluto, mas deve, ao contrário, decidir para aqui e agora.

Tiremos as lições desse desvio pela *Ética a Nicômaco* ! É bem nesse hiato entre razão teórica e razão prática que o estatuto epistemológico da pedagogia pode ser construído. A pedagogia não é ciência nem ciência aplicada. Ela deve, com certeza, instruir-se com a ciência, mas não poderia fazê-lo sem deduzir. Definir a pedagogia como correção e prudência é, com efeito, sublinhar com Meirieu (1995) sua "insustentável leveza", partilhada, aliás, com as outras disciplinas praxiológicas como a política, a medicina e a estratégia. A pedagogia como prudência, se mostra, pois, ao mesmo tempo, indispensável e rigorosamente impossível porque, ao se realizar, ela se anularia. A perfeita adequação, sem resíduo, da teoria e da prática, faria da pedagogia uma ciência. A pedagogia nasce quando a educação apresenta dificuldades, mas ela jamais pode propor solução definitiva. Ela é votada à gestão das crises da educação na carência do saber e na urgência da ação.

De que natureza podem ser os saberes da pedagogia se eles põem em relevo a prudência e não a ciência?

A pedagogia entre o problema e a prova

A pedagogia é, portanto, uma reflexão prudente, não-científica, sobre as práticas educativas, em vista de melhorá-las. A idéia de prudência obriga, contudo, a repensar a "teoria-prática", levando a sério o traço de união. Que tipo de ligação é preciso estabelecer entre a prática educativa e a reflexão sobre essa prática, e que saber pode resultar dessa dialética?

A reflexão pedagógica como envolvimento mútuo da teoria e da prática

Preocupado em desmarcá-la da arte do pedagogo, Durkheim tira a pedagogia do lado da teoria, sem destacar suficientemente que a reflexão não pode funcionar sem reflexividade. Se não basta ensinar ou educar para dizer-se pedagogo, inversamente pode-se fazer pedagogia sem ensinar ou educar a si mesmo? Como assinala Jean Houssaye (1994), é a mesma pessoa que deve praticar e teorizar. Pode-se, então, dispor os candidatos pedagogos em um *continuum*, em uma e outra parte de uma posição central, que definiria "o envolvimento mútuo e dialético da teoria e da prática educativa pela mesma pessoa, sobre a mesma pessoa". Em uma extremidade, os teóricos sem prática (Montaigne, Rabelais, Rousseau...), em outra, os humildes práticos, experientes, sem dúvida, mas sem teoria. No centro, Pestalozzi, Freinet, Decroly, por exemplo! (Ver o esquema proposto por Jean Houssaye, na p.11 desta obra.)

Quais são as implicações do envolvimento mútuo da teoria e da prática? O pedagogo, dizíamos, está engajado em uma conjuntura que o engloba e da qual, no entanto, ele deve se distanciar para poder traçar, com prudência, a linha justa. Essa dialética se abre às relações complexas entre o dizer e o fazer. É certo que – e Meirieu tem razão de sublinhá-lo – o dizer do pedagogo é, freqüentemente, deslocado de seu fazer: ele nem sempre diz o que faz e lhe acontece dizer o que ele não faz. Porém, ao mesmo tempo, essa relação ao fazer é portadora de um princípio de realidade. Ela descobre as resistências ao empreendimento educativo (Meirieu, 1995): a prova do real em relação às utopias, o sentido do acontecimento em relação ao planejamento, o encontro do outro em sua singularidade.

Pensa-se, com certeza, nas resistências do aluno. O sério da pedagogia é levá-los em consideração. Por exemplo, é o desinteresse inicial dos alunos pela literatura ou pela filosofia que se precisa trabalhar, como destacam os jovens estagiários da IUFM, (Instituto Universitário de Formação de Mestres), cujos relatórios profissionais são publicados por Davisse e Rochex(1998). Como ensinar a filosofia aos alunos que concebem esse tipo de reflexão como anormal, até mesmo patológico? Pode-se ignorar tal posicionamento e fingir ensinar? Haverá outras alternativas a não ser mostrar-lhes que sua experiência de vida já contém germes de reflexão filosófica; e que ela demanda essa reflexão? Mas o trabalho sobre as resistências do outro leva inevitavelmente o pedagogo a confessar e a trabalhar suas próprias resistências (Fleury, 1996). Como ensina Rousseau, no Livro III de *Emílio*, o pedagogo é aquele que aceita se deixar interpelar, pelo aluno indócil e até "intratável", para tirar as lições do fracasso da lição. A inventividade pedagógica tem esse preço. Se Emílio não quer mais nossos discursos, tentemos uma lição de coisa! A interpelação mútua da teoria e da prática supõe, portanto, um trabalho sobre si mesmo, pois as resistências à mudança estão inicialmente em si. Pode-se esperar fazer com que os outros mudem, se não se muda a si mesmo? Pode-se fazer crescer psiquicamente sem que se cresça pessoalmente? – perguntava Bachelard. O que Meirieu (1995) denomina de o "momento pedagógico" descreve bem essa interpelação que o aluno faz ao professor, interpelação que leva o professor a questionar sua relação com o saber, sua disciplina e, mais geralmente, com o seu ofício.

Entra-se em pedagogia, por conseguinte, por uma interpelação ética: pela solicitude para com o aluno. É o que a prudência destaca da tática e da ética simultaneamente. Como bem notara Aristóteles, ela tem a ver não com a fabricação (com a *poiesis*), mas sim com a *praxis*. No mundo da *praxis*, não se pode separar a reflexão sobre os fins da deliberação sobre os meios. A prudência pedagógica não poderia, pois, ter a neutralidade de uma simples habilidade, visto que ela repousa inteiramente sobre o postulado de educabilidade, que não é teórico nem pragmático, mas de ordem ética. Supor que " toda a inteligência em um pequerrucho", segundo a expressão de Alain, constitui uma aposta (Hanoun, 1996) na qual o otimismo da vontade comanda o pessimismo da inteligência.

Tirando lições desse momento durkheimiano e pensando até o fim a dialética teórico-prática, somos levados a conceber a pedagogia como uma experiência. Gadamer (1976) propunha distinguir, na experiência, o experiencial e o experimental. O experimental remete à dimensão racional da experiência na qual um problema é tratado e, se possível, resolvido, sendo que essa dimensão racional torna a solução objetivável, repetível e capitalizável. Mas, mais fundamentalmente, a experiência é minha, subjetiva e singular. Ela envolve um *pathos* irredutível e leva a uma prova. Segundo a palavra de Ésquilo, aprende-se somente pelo sofrimento. Com efeito, na experiência assim entendida, não se progride a não ser remanejando suas representações e suas identificações, até mesmo voltando sobre seus erros e resignando-se a dizer adeus às suas primeiras ilusões. A teoria-prática de Durkheim participa desse momento em que essas duas dimensões do experimental e do experiencial se articulam sem se confundirem. A pedagogia é bem essa aventura singular a partir da qual eu reflito e, ao mesmo tempo, é uma tentativa, uma inovação, que eu pretendo objetivável e transferível. Digamos que, em pedagogia, é preciso pensar a articulação do objetivo e do subjetivo, do problema e da prova.

Um saber pedagógico é, portanto, um saber de experiência, no sentido pleno da palavra, o saber de quem resolveu um problema passando por uma prova.

O que é um problema pedagógico?

Como esclarecer a conjunção do problema e da prova? A educação é sempre a mesma – dizia Durkheim –, mas a pedagogia surge quando nada mais funciona na educação e quando a tradição não é mais suficiente. Fala-se hoje de pedagogia do sentido, como se todo empreendimento pedagógico não visasse a atribuir ou a reatribuir sentido.

Há muitas maneiras de pensar essa fabricação do sentido no triângulo pedagógico. Jean Houssaye (1993) concebe a pedagogia como um jogo a três entre o professor, o aluno e o saber, no qual cada "jogada" se resume em privilegiar dois termos e em excluir o terceiro. Daí três processos genéricos: "ensinar", que relaciona o professor e o saber, acima do aluno; "formar", que dispensa o saber para centrar-se na relação professor-aluno; "aprender" em que momentos o professor que se faz de morto a fim de pôr em contato o aluno e o saber. Cada processo se caracteriza tanto por suas próprias escolhas quanto pela maneira pela qual se efetua o retorno do excluído, a maneira que tem o "morto" de se fazer de louco. Assim, o saber retorna no "formar", o aluno, no "ensinar", e o professor, no "aprender". Esse jogo define uma problemática: como atribuir ou reatribuir sentido a essa relação ternária que define a escola? E as diferentes pedagogias "tradicionais", não-diretivas, por objetivos... aparecem como outras tantas soluções historicamente situadas. Compreende-se bem que mudar de pedagogia, passar, por exemplo, de ensinar para formar, ou para aprender, necessita um dispêndio que não é somente de ordem cognitiva, mas que determina um verdadeiro remanejamento identitário. Não havíamos definido a pedagogia como uma experiência?

Pode-se ver um pouco diferentemente o triângulo, partindo da questão do sentido, concebido como o meio em que se desdobra, na linguagem ou na ação, a expressão (a relação consigo mesmo), a referência (a relação com o mundo), a significação (a relação com o conceito) [Deleuze, 1968, 1969]. Vê-se, então, surgirem três questionamentos (Fabre, 1999). O saber ensinado (significação) é válido? Pode o aluno entrar em aprendizagem (expressão)? Pode ele perceber a ligação entre o saber escolar e a vida (referência)? Decorrem daí três grandes problemáticas que definem o espaço da reflexão pedagógica em meio escolar. Como fazer para que o saber ensinado se torne uma cultura viva para o aluno (entre significação e expressão)? Como articular desenvolvimento pessoal e adaptação social (entre expressão e referência)? Por fim, como conciliar o valor do saber e a utilidade para a vida (entre significação e referência)? Há problema pedagógico quando pelo menos uma de suas dimensões do sentido não funciona mais por si mesma. Quando o que se ensinava até então não convém mais, ou que não se sabe mais muito bem o que é preciso ensinar; quando o desejo de saber ou de aprender parece esfumar-se; quando não se sabe mais muito bem que tipo de relação deve a escola manter com a vida. Serão lidas, nesse espaço, as interrogações que são as nossas: o que é preciso ensinar daquilo em que ainda acreditamos? Como motivar os alunos? Como responder à sua insistente pergunta: para que serve o que você nos ensina?

A pedagogia é certamente busca de sentido nesse espaço, pesquisa de equilíbrio entre expressão, significação e referência, sem esperança de encontrar uma solução milagrosa. A pedagogia é encaminhamento, ela valsa hesitante sobre as três dimensões do sentido: ora privilegiando a significação dos saberes em detrimento da referência ou da expressão; ora privilegiando o útil a qualquer preço; ora, enfim, concentrando-se na expressão, no desejo do aluno, relegando a segundo plano qualquer outro questionamento. O triângulo do sentido vale como painel de instrumentos e mapa das possíveis derivas, aliás inevitáveis. Nessa busca, a questão do sentido para os alunos repercute sempre em questão de sentido para o professor e, finalmente, em questão de identidade profissional e pessoal. É por isso que Gadamer tem razão de distinguir os dois sentidos da experiência que devem aqui ser concebidos como frente e verso de uma mesma realidade: o sentido do problema e o da prova. É necessário decidir entrar em pedagogia e aí manter-se. Se o problema pedagógico surge em um horizonte que é evidente, o "momento pedagógico" acontece quando o professor recusa todo subterfúgio (a indocilidade, a incultura dos alunos, suas desmotivações, até mesmo a inércia do sistema), para abraçar a situação tal como ela é, os alunos tais como são. Certamente não para ficar nisso, mas para provocar uma mudança real aqui e agora. A publicação dos relatórios profissionais dos professores iniciantes testemunha tal questionamento de si e de suas certezas, em função de um princípio de realidade mobilizador: mesmo quando manifestamente errados, os alunos têm – sob certo ponto de vista – sempre razão, uma vez que é preciso "fazer em comum" para conduzi-los mais longe ou mais alto. Isso exige muitas revisões: romper com a imagem do bom aluno que se foi, renunciar a ensinar como nossos professores nos ensinaram. E muitos esforços também para não ceder às tentações da facilidade: não oferecer em sacrifício sua disciplina no altar da pedagogia, não separar os métodos dos conhecimentos, não ceder o cultural ao utilitário.

Os saberes pedagógicos

A pedagogia é, portanto, uma reflexão sobre minha ação educativa em vista de melhorá-la, uma dialética teoria-prática na qual eu trabalho as resistências de meus alunos e as minhas próprias. É uma experiência em todo o sentido da palavra, marcada pelo sentido do problema e o da prova simultaneamente. É pedagogo, diz Jean Houssaye, quem cria um "plus" por essa interpelação da teoria e da prática na mesma pessoa, pela mesma pessoa. Quais são, pois, esses saberes de experiência que a pedagogia pode produzir e que somente ela pode produzir exclusivamente? Ou então, quais são esses saberes que não dependem só da arte, nem da ciência, mas da prudência?

Dos saberes múltiplos aos estatutos heterogêneos

É muito freqüentemente tentando mudar as coisas que se consegue conhecê-las melhor. A pedagogia seria, pois, suscetível de produzir conhecimentos sobre o aluno, sobre os dispositivos, sobre o professor e sobre a instituição. Seriam saberes heterogêneos: pragmáticos, políticos, hermenêuticos e críticos.

Na experiência pedagógica, há inicialmente uma tentativa, uma inovação. Inventa-se um método, um procedimento, um dispositivo, um modo de fazer, cuja pertinência, exeqüibilidade e eficácia, procura-se avaliar. É o que se poderia chamar de a abertura dos "factíveis" pragmáticos. Porém esse gesto técnico remete geralmente a uma perspectiva mais global: uma outra visão da infância, do aluno, das tarefas escolares. É a lição dos grandes pedagogos. Freinet não inventa somente métodos e técnicas, mas uma outra relação com a infância. Ele esboça, assim, uma alternativa política: uma outra maneira de o professor conceber e organizar as relações de poder e de saber na escola. Freinet pretende ensinar de forma diferente! A pedagogia Freinet (apesar de seu confesso materialismo) depende também de um "espírito" Freinet. Poucos pedagogos aceitariam ver seus aportes reduzidos à invenção de técnicas. Meirieu (1988a, 1988b) funda o trabalho de grupo no princípio de educabilidade. Daniel Hameline e Marie-Joëlle Dardelin (1993a, p. 329) se recusam a reduzir a não-diretividade a um conjunto de procedimentos. Trata-se de uma atitude que leva a "uma mudança fundamental na intenção educativa..."

Enfim, a pedagogia é uma experiência da mudança e – como tal – produz um saber da mudança, uma inteligibilidade das continuidades e das rupturas, das resistências. É porque o pedagogo já fez ele próprio o caminho, porque ele é capaz de revelar as dificuldades, as ciladas e os impasses desse caminho. Seu saber não é somente de ordem intelectual. Ele viveu o problema pedagógico como uma prova. É o que o torna capaz de acompanhar ou de orientar a mudança dos outros (a dos alunos, a dos colegas). O pedagogo dá lições de ação, lições de prudência: seu saber visa à inteligibilidade da mudança (o seu e o meu por via indireta!), ele me dá referenciais para meu próprio caminho. Não será surpresa que esses saberes sejam muitas vezes de ordem narrativa, encaixados em relatos de vida profissional. Cada um conta, assim, a seu modo e em seu próprio estilo sua história pedagógica, descreve com maior ou menor orgulho, ou contrição, as fidelidades e as infidelidades que balizam sua evolução, os êxitos e os fracassos que a sublinham. Naturalmente esses relatos de "conversões" e de "reconversões" (Hameline, 1977) não podem evitar o paradoxo daquele que dá lições: é quem cometeu muitos erros que transmite sua experiência. Desde então, o pedagogo que aprendeu, ao longo do tempo, a ponto de mudar radicalmente de ponto de vista, não pode deixar de interrogar-se: "Será que é inconsistente nossa plasticidade?" (ibid., 1977, p. 11). Essa é, na verdade, a lição de prudência: ninguém se instrui a não ser por seus erros ou por suas errâncias. É preciso, sem dúvida, ter esgotado – como Jean Houssaye (1988a, 1988b) – todas as ilusões do processo "ensinar" para se deixar tentar pelo processo "formar", devendo, pelo menos, avaliar seus possíveis desvios, antes de tentar o processo "aprender"; ele tem mesmo as suas próprias inclinações, e isso é sempre necessário restabelecer. E Philippe Meirieu, em sua teses sobre as pedagogias de grupo (1993a, 1993b), não pode construir o conceito de "grupo de aprendizagem" senão após haver experimentado ele próprio os perigos do grupo de fusão, em que o indivíduo se perde no *páthos* e no grupo de produção, no qual a qualidade do produto final tem primazia sobre o desenvolvimento cognitivo dos indivíduos. A lição de prudência constitui, pois, um saber crítico que permite a análise das situações educativas e fornece referenciais para a ação.

A pedagogia pode muito bem produzir ainda outros saberes, mas esses três tipos (os possíveis pragmáticos, os alternativos políticos e os saberes hermenêuticos ou críticos) só ela pode produzir. A analogia com a política (a arte ou a ciência dos governos) é esclarecedora. As ciências políticas, com certeza, produzem saber. Mas o futuro homem político se instruirá diferentemente se ler as memórias de Jaurès, as de Mendès France ou as de De Gaulle. Esses escritos lhe trarão o mesmo tipo de saber que a pedagogia: o sentido do exeqüível, o das alternativas e, por fim, dos elementos de inteligibilidade da ação histórica.

É preciso deter-se um momento sobre esses três tipos de saberes, visto que os saberes pedagógicos são procedentes de uma mesma experiência, mas não levam todos às mesmas relações com essa experiência. Os saberes pragmáticos se revelam facilmente objetiváveis e transferíveis, pois tratam de métodos, de procedimentos, de dispositivos que podem, em geral, ser descontextualizados e recontextualizados. Os saberes políticos, que esboçam alternativas, deixam-se mais dificilmente desprender de sua problemática de origem. Aqui os nomes próprios assinam uma tradição: a pedagogia Montessori, a pedagogia Freinet. O que significa que esse segundo tipo de saber não é objetivável como o primeiro. Ele conserva o vestígio da experiência subjetiva que o ocasionou: os valores e as opções de existência que permitiram seu advento. Apropriar-se desses saberes é compreender as alternativas abertas pelo projeto de um sujeito que se insurge contra o que existe. Compreender a pedagogia Freinet é de uma ordem diferente daquela de conhecer suas técnicas e seus métodos, é ter captado o "momento pedagógico" de Freinet. Quanto aos saberes hermenêuticos e críticos, são saberes de ordem narrativa. Organizam bem a experiência singular de um pedagogo, mas podem ser retomados por outros sujeitos em uma dialética de compreensão, de explicação e de interpelação bem descrita por Ricoeur (1986). Ler o relato de uma experiência pedagógica é poder colocar-se no lugar do pedagogo (compreensão), é solicitar explicações (sobre o contexto, por exemplo, quando ele está afastado demais do nosso), enfim, é deixar-se interpelar por ele.

Teses de pedagogia?

Há, por conseguinte, saberes especificamente pedagógicos, saberes procedentes da ação e em vista da ação. Esses saberes são úteis na formação dos professores. Mas em que condições pode existir uma pesquisa pedagógica, até mesmo teses de pedagogia? Propõem-se três critérios: uma mudança de postura, um espírito de discernimento e um acesso à generalidade.

Uma pesquisa pedagógica, de tipo universitário, exigiria o desdobramento da mesma pessoa como ator e como pesquisador. O ator tentaria definir, com prudência, a linha de ação, a linha justa para sair de uma situação problemática e operar a transformação que ele julga a melhor no contexto, ao passo que o pesquisador levantaria uma linha perpendicular a essa linha de ação, uma linha de conhecimento. Adiantar-se-á essa primeira proposição: o trabalho pedagógico não pode se tornar pesquisa senão quando não se deixa arrastar totalmente na busca das soluções, mas toma o tempo de formular sua problemática, de explicitar seus pressupostos teóricos e aceita vê-los discutir, criticar em uma outra lógica que a não-militante.

Uma vez que os saberes pedagógicos são plurais, é necessário desembaraçar todos esses tipos de saberes e definir as formas de rigor que convêm a cada um. Há o rigor da experimentação pragmática, que tem a ver com a avaliação e com o controle. Há o rigor do projeto político, que depende da explicação dos pressupostos, da justificação argumentativa. E há o rigor dos saberes hermenêuticos ou críticos, que consiste em passar do relato à análise, ou, ainda, das categorias narrativas a instrumentos de leitura da mudança. Pode-se ver de outro modo essa atividade de análise (no sentido de separação dos elementos implicados na unidade da experiência pedagógica), dizendo que o pesquisador deve distinguir as diferentes modalidades do pedagógico: o que põe em relevo os valores, a descrição, a narração. Trata-se de um espírito de discernimento.

Não há ciência senão do geral, segundo a expressão de Aristóteles. Segue-se que só as ciências podem aspirar a isso? Mas o trabalho pedagógico, embora procedente de uma experiência singular, produz, ele também, um saber que extravasa o aqui e o agora. Ele fornece modelos de inteligibilidade (e não somente modelos para seguir), mapas e referenciais para a ação. Ampliemos a perspectiva aristotélica: releva do geral não só a ciência, mas todo ponto de vista teórico que pode se articular a uma experiência. É assim para a filosofia que remete – segundo Gilles Gaston-Granger (1988) – a uma experiência global. E o caso é o mesmo para as "teorias-práticas" como a pedagogia. Como lembra Jean Houssaye (1988a, p. 21), na pedagogia: "Há teoria à medida que nos propomos e fazemos funcionar, teórica e praticamente, uma problemática nova, um esquema de análise da situação pedagógica...". Essa problemática, esse esquema de análise têm a pretensão de escapar a seus contextos de origem para aceder à generalidade.

Três exemplos

Como a experiência singular do pedagogo pode pretender uma forma qualquer de generalidade? Apresentam-se aqui três tipos de produção de saberes pedagógicos: a construção de um modelo (Jean Houssaye), a invenção de um conceito (Philippe Meirieu) e a elaboração de um saber crítico (Daniel Hameline).

Na tese de Jean Houssaye (1988a e 1988b), a reflexão pedagógica sobre o itinerário singular do professor produz mais que um relato de viagem, visto que o explorador volta com um mapa (o triângulo pedagógico), pelo qual muitos outros viajantes poderão orientar-se e escolher seu itinerário. Passando do itinerário singular ao mapa, o pedagogo constrói um modelo de inteligibilidade da situação pedagógica. Ou, antes, para ficar no vocabulário do autor, a pesquisa pedagógica, a partir de uma sucessão de "lances" singulares ligados aos acontecimentos de uma biografia profissional, atinge até a própria estrutura do jogo. Diríamos, em nossa linguagem, que o teórico constrói a problemática que considera as sucessivas respostas que o prático encontrara durante o trajeto. O modelo fornece, assim, as leis de funcionamento, as regras do jogo, ou ainda, os elementos da problemática pedagógica: a lei do meio-termo excluído, a lei do retorno do recalcado. Ele permite, dessa forma, a análise da situação educativa em sua complexidade. Os três processos: ("ensinar", "aprender", "formar") têm sua própria estrutura. Mas só podem se "sustentar", graças a processos de compensação: um pouco de "aprender" e um pouco de "formar" em "ensinar"; um pouco de "ensinar" e de "formar" em "aprender"; um pouco de "ensinar" e de "aprender" em "formar". Por outro lado, todo processo é suscetível de derivar, visto que o excluído, recusando-se a fazer-se de morto, faz-se de louco: o aluno perturba o curso de "ensinar", o saber retorna com força em "formar", e o professor não pode deixar de intervir intempestivamente em "aprender". O professor está, portanto, na posse de um mapa que lhe fornece o conjunto dos caminhos, com suas características e dificuldades próprias. Ele domina presentemente a problemática geral que lhe permite compreender o sentido das soluções pedagógicas que ele inventa: sabe onde joga e quais são os mecanismos de cada "jogada" possível

Como pode a pedagogia fabricar tal saber? A tese de Jean Houssaye articula três níveis de inteligibilidade. 1) A reflexão pedagógica opera, por assim dizer, uma análise "ao calor" das práticas operacionalizadas. 2) Tal análise é instruída com a história da pedagogia, que lhe fornece um certo número de referenciais teórico-práticos (a Educação Nova, as pedagogias não-diretivas, a pedagogia tradicional). Percebe-se como a pedagogia, no sentido das doutrinas pedagógicas, vem estear a pedagogia como reflexão sobre sua própria prática. 3) Enfim, essas análises permitem a invenção de um modelo teórico de funcionamento que constitui uma emersão relativa aos dois níveis precedentes, que desempenha o papel de uma hipótese praxiológica a ser testada na análise de outras práticas, em outros docentes.

A pedagogia se revela, então, suscetível de produzir saberes, procedentes de uma experiência singular e, ao mesmo tempo, descontextualizáveis. Desse modo, na tese de Meirieu (1993a, 1993b) sobre a pedagogia de grupo, são encontrados os três níveis de inteligibilidade retromencionados: 1) a análise de uma experiência pedagógica pessoal, 2) apoiada pela história das pedagogias de grupo, 3) ocasionando uma formalização, isto é, a produção de um conceito: o de "grupo de aprendizagem". As lições da experiência profissional do pesquisador, como as da história da pedagogia, convergem: o trabalho de grupo em aula não pode tomar como modelo o grupo de produção nem o fusional. No grupo fusional, a preocupação com o "nós" tem prioridade sobre a aprendizagem individual. No grupo de aprendizagem, ao contrário, é a preocupação com o desenvolvimento cognitivo de cada um que domina: o grupo é apenas e tão-somente um meio, e não um fim em si. Quanto ao grupo de produção, ele se centra na qualidade do produto final. É preciso, pois, que a distribuição do trabalho seja feita em função das competências já presentes. Ao contrário, o grupo de aprendizagem deve acentuar não o produto final, mas o processo: a produção é apenas um meio de aprender. A distribuição dos papéis deve, portanto, operar-se antes em função das incompetências: é necessário que aprendam os que ainda não sabem. Tanto pior se a qualidade do produto se ressinta disso! A pesquisa pedagógica de Meirieu (1988b, p.9) resultou, assim, nessa "evidência escandalosa", nesse saber paradoxal que não há nem pode haver, em sentido estrito, "pedagogia de grupo", pois o projeto da pedagogia, se ele se funda no postulado de educabilidade do indivíduo, "é exatamente inverter o funcionamento natural dos grupos". Meirieu fala até de uma "pedagogia às avessas" única, suscetível de reparar a inclinação natural do grupo. O grupo constitui, portanto – em pedagogia –, um verdadeiro "obstáculo epistemológico", visto que o grupo de aprendizagem está sempre a ponto de derivar para os obstáculos simétricos do produtivismo e do fusional. Sabe-se, a partir de Bachelard, que os obstáculos vão sempre aos pares.

O conceito de "grupo de aprendizagem" permite, pois, identificar as finalidades pedagógicas do trabalho em grupo e constitui, ao mesmo tempo, um saber crítico, à medida que ele assinala seus possíveis desvios. Essa função crítica dos saberes pedagógicos é particularmente bem-ilustrada pelo trabalho de Daniel Hameline e de Marie-Joëlle Dardelin. Se a primeira obra deles (1967) propunha "justificações para um ensino não-diretivo", a segunda, dez anos depois (1977) fornece uma análise retrospectiva desse ensino. Os autores distinguem três períodos em seu itinerário pedagógico. Tudo começa pelo encantamento não-diretivo (1959-1966) que aparece muito tarde como uma tentativa de secularização do pensamento cristão – é a época do Concílio Vaticano II – sob a influência das ciências humanas. Os autores evocam três fontes: a psicologia social, a pedagogia de Dewey e de Rogers, o personalismo cristão. Todavia essa secularização não produzirá somente um desencantamento, mas também um "abrir de olhos, tornando menos ingênuo" pelo ingresso na política (1967-1972). Os acontecimentos de maio de 1968 somente exprimirão ruidosamente esse segredo de polichinelo que a análise institucional (Lobrot, Loureau, Ardoino) já denunciava: o vínculo problemático da pedagogia com o poder. Convém, então, falar de pedagogia em outros termos, em termos políticos, visto que a crítica sociológica (os trabalhos de Bourdieu) e o horizonte do pensamento marxista obrigam a levar em conta a lógica de aula que atravessa a escola. No terceiro período (1972-1975), "a escolha didática ou a pedagogia do possível" é toda marcada pela controvérsia com Snyders. A reflexão proveniente desse debate impõe "uma séria suavização às pretensões não-diretivas". Ela obriga a repensar "a intenção de instruir" e a mediação do professor. Ela ensina a desconfiar das ilusões do imediato como das tentativas de normalização.

Quais são as dimensões dessa crítica? De começo, a prova dos fatos. Quinze anos de prática pedagógica e de formação em Caen e em Nantes, nas turmas de filosofia do ensino livre. É a descoberta do realismo e do prosaísmo. Na distância entre o dizer e o fazer, os autores se proíbem de sonhar, preferindo regrar sua teoria em sua prática "antes de registrar entre elas desníveis que tornam tantas declarações tão pouco confiáveis" (Hameline e Dardelin, 1977, p. 12. Trata-se igualmente de inscrever essas práticas em um contexto sociopolítico "que as determinam mais do que elas o modificam" ibid., p. 11).

Encontram-se aqui, por conseguinte, os três níveis de inteligibilidade distinguidos anteriormente: 1) reflexão sobre suas próprias práticas; 2) apoio da análise na literatura pedagógica (Rogers, Lobrot, Lourau, Vasquez, Oury...), até mesmo sociológica ou filosófica (Bourdieu, Snyders); 3) elaboração de um saber crítico entre "Caribdes" (André de Peretti) e "Cila" (Georges Snyders) como sugere a epígrafe da obra.Trata-se de aceder à generalidade para além da biografia. Quando fazemos nosso relato de vida profissional – assinalam os autores – a pequena história singular não tem sentido a nao ser inserida em "uma problemática *que funcione no plural* e cujos detalhes, ainda que testemunhem nosso estilo próprio, devem ser pesquisados em outro lugar que não em nossa história pessoal e nas de nossos alunos" (1977, p. 11). Os práticos, que são também intelectuais, vão, pois, considerar essa aventura singular "como lei geral, suscetível de ser estendida ao conjunto da prática docente" (1977, p. 46).

A pedagogia produz, pois, conceitos (grupo de aprendizagem), modelos (triângulo pedagógico), saberes críticos (revisão da não-diretividade) e outros tantos modos de acesso à generalidade a partir de experiências singulares. Se a pedagogia é teorização de sua própria prática, não pode pretender produzir saber transferível, controlável e capitalizável, a não ser que permita a outros não só refazer o mesmo caminho, mas situar-se em todos os caminhos possíveis. É toda a diferença entre "a arte" do prático experiente que não pode orientar os novatos senão fazendo-os seguir o mesmo caminho que ele, e a pedagogia, como pesquisa, que permite orientar os novatos no caminho que eles mesmos escolheram ou que a conjuntura lhes impõe.

Saberes pedagógicos, saberes das ciências da educação

Pode-se presentemente recolocar a questão da relação entre ciências da educação e pedagogia? Seguindo Durkheim, pode-se reconhecer a legitimidade de cada intenção, definir suas especificidades e analisar seus vínculos. Não se trata aqui de contestar a legitimidade das ciências da educação, mas sobretudo – o que é muito diferente -, de fazer reconhecer a legitimidade da pedagogia como instância produtora de saberes, inclusive em um quadro universitário.

As análises anteriores permitem enriquecer as distinções de Durkheim. Se as disciplinas praxiológicas diferem das disciplinas científicas, é inicialmente em razão da origem dos saberes produzidos. Os saberes da ciência se destacam de uma experiência depurada, metodologicamente reduzida a seu aspecto racional e objetivável. Os saberes de prudência se enraízam, ao contrário, em uma experiência global que não quer perder nada de sua riqueza objetiva e subjetiva simultaneamente: eles nascem quando a solução do problema é, ao mesmo tempo, prova. Esses dois tipos de saberes não levam, de modo algum, ao mesmo trabalho sobre si. A abordagem científica exige lutar contra os obstáculos epistemológicos, contra o pensamento que resiste ao pensamento. Ela implica um remanejo de suas representações em uma psicanálise do conhecimento (Bachelard, 1970a). Mas a abordagem pedagógica requer um trabalho talvez mais difícil ainda, visto que se trata de uma interpelação de si pelo outro: o aluno, no caso. E igualmente, à medida que as representações primeiras aderem às identificações (ao aluno modelo que eu era, aos professores modelos que eu tive). A pedagogia reclama o que Bachelard (1970b) chamava de "uma psicanálise das circunstâncias da cultura", ou ainda, de uma análise dos complexos culturais suscitados pela formação propriamente escolar (Fabre, 2001).

Portanto, não será surpreendente que os saberes da prudência não tenham absolutamente as mesmas características epistemológicas que os saberes das ciências. Se os saberes produzidos pelas ciências da educação se mostram suscetíveis – nos limites epistemológicos das "ciências brandas" – de sistematização, de verificação, de capitalização, é mediante o reconhecimento de alternativas teóricas, visto que as ciências humanas reconhecem, *de facto*, a existência simultânea de vários paradigmas. O estatuto dos saberes pedagógicos se mostra mais complexo quando as alternativas não são somente de ordem epistemológica, mas envolvem igualmente opções éticas e políticas. Quanto à validação dos saberes, se as ciências da educação não podem evidentemente satisfazer os critérios popperianos de falsificação, elas pretendem submeter-se a processos de controles objetiváveis. Só parcialmente é o caso dos saberes pedagógicos, dos quais se sabe que eles devem, pelo menos, tanto ser experimentados quanto provados, visto que a sanção do real se vê sempre mediatizada pela intencionalidade e pelo investimento dos atores.

Todavia, se são um pouco abandonados os rigores epistemológicos para uma sociologia do conhecimento, é forçoso notar a interação complexa entre ciências da educação e pedagogia, visto que uma intenção praxiológica anima – como que em surdina – as ciências da educação, nem que seja pelas demandas sociais das quais emanam as pesquisas e os trabalhos de investigação aos quais elas não deixam de levar. Inversamente há ciências da educação na pedagogia. Durkheim aconselhava, com razão, a fazer com que os jovens professores adquirissem uma cultura pedagógica à base de ciências da educação. Quem se lamentaria de ver os pedagogos se referirem aos conceitos de objetivos-obstáculo, de situação-problema, de conflito sociocognitivo? Resta conceber uma articulação da ciência e da prudência que respeite o contexto problemático próprio dessas últimas, diferentemente das ciências aplicadas com que sonhava Durkheim. Fala-se de psicopedagogia, por exemplo, quando as leis do desenvolvimento se tornam as condições *sine qua non* da aprendizagem escolar. Ou, em outras palavras, quando os resultados da problemática científica são recebidos como condições de possibilidade (sem o que nada é possível!) da problemática pedagógica. Todavia o conhecimento do efeito Pigmalião pode ditar ao professor sua conduta, quando se trata de saber se é bom ou não transmitir a seu colega da série superior informações detalhadas sobre o desempenho escolar de um aluno de nível fraco? Da mesma forma, o político deve fechar todas as únicas classes por causa das enquetes sociológicas que demonstrariam a ineficácia escolar dessas classes? A cultura pedagógica dos professores preconizada por Durkheim pode legitimamente referir-se às ciências da educação, mas nada o obriga a tratar seus resultados, suas grades de leituras, seus instrumentos como outra coisa que não dados em um contexto problemático específico, cujos objetivos, condições e funções de avaliação dependem integralmente da responsabilidade do pedagogo.

Que se deplore o pequeno impacto das ciências da educação sobre as práticas pedagógicas ou que, ao contrário, escandalize-se do desvio que os práticos dos saberes da pesquisa realizam; a questão das relações entre ciências da educação e pedagogia não tem chance alguma de ser bem-sucedida enquanto se insista em conceber apenas uma dualidade de instâncias, tornando um pouco mais rígido o modelo de Huberman (1986), que serve muito freqüentemente de referência e que faz dialogarem um sistema difusor e um sistema utilizador. Na realidade, não se percebe muito bem como os saberes da pesquisa em ciência da educação poderiam intervir, sem nenhuma mediação, na solução de problemas que os atores, educadores ou professores formulam. Aliás, Huberman não cessa de multiplicar as instâncias intermediárias para assegurar a sobrevida desse diálogo. Do lado difusor, ele preconiza a criação de um "centro pedagógico" encarregado de estabelecer um traço de união entre pesquisadores e práticos. E do lado dos usuários, ele propõe a criação de um subsistema encarregado de três funções: o conserto imediato de uma pane em um circuito curto de solução de problemas, a coordenação dos diferentes estabelecimentos utilizadores em nível de distrito e, por fim, o estabelecimento e a manutenção de relações com o sistema difusor. São, portanto, três instâncias (e não duas) que se mostram exigidas. Os saberes da pesquisa não têm chance de esclarecer a ação educativa, e os problemas dos práticos não podem se encontrar com o interesse dos pesquisadores se não existir uma instância intermediária, precisamente a pedagógica, no sentido da teoria-prática de Durkheim. É somente vendo fecundar a elaboração reflexiva das práticas do educador, ou do professor, que os saberes da pesquisa podem esperar encontrar-se com a ação: o que descrevíamos antes como uma interferência entre dois contextos problemáticos bem específicos.

Não há nenhuma dúvida de que os departamentos de ciência da educação, em colaboração com os IUFM,[4] possam ser os lugares institucionais em que se expressa a interpelação mútua dos práticos e dos pesquisadores. Seria necessário, ainda, que o estatuto epistemológico da pedagogia fosse reconhecido como ela é, em outras culturas, na Alemanha, por exemplo (Wulf, 1995). Por falta dessa reflexão pedagógica, levada a efeito pelos próprios práticos, essa interpelação mútua só poderia desembocar – como é o caso muito freqüentemente – no desconhecimento ou no aplicacionismo estéril.

Conclusão

Pode-se, então, seguir Durkheim, correndo o risco de mudar de direção no curso do caminho para tomar alguns atalhos. A idéia de "teoria prática" permite esclarecer bem o debate. Mas as distinções, na verdade, passam menos entre gêneros de disciplinas (a pedagogia, as ciências da educação) que entre problemáticas. Há problemáticas teóricas, caracterizadas por uma intenção de verdade, e problemáticas praxiológicas, orientadas para o êxito da ação e animadas pelo cuidado com a linha correta. Mas as distinções entre pretensões à verdade e pretensões à correção nunca confirmam exatamente a fronteira entre o que se reconhece institucionalmente como ciência da educação e o que se denomina habitualmente pedagogia.

A pedagogia, como problemática praxiológica, é o fato de um prático-teórico implicado em uma ação educativa, isto é, em uma transformação dos outros e de si mesmo, e procura definir – com prudência – uma linha justa. A pedagogia é, pois, a teorização de uma experiência que deve ser pensada sob o duplo signo do problema e da prova.

A pedagogia produz saberes, saberes de experiência, de prudência, que devem ser provados e experimentados, ao mesmo tempo, conforme modos de validação específicos. Portanto, é possível e legítimo apresentar teses de pedagogia aos departamentos de ciência da educação. Esses trabalhos universitários têm seu próprio rigor. Deve-se saber reconhecê-los e avaliá-los sem tentar julgá-los pela bitola de pretensos cânones "científicos" que lhes seriam estranhos. Por isso, essas pesquisas pedagógicas são submetidas – como toda pesquisa – a uma exigência de produção de saber esotérico, cuja pertinência e validade possam ser atestadas pela comunidade científica e profissional. Elas não poderiam se reduzir ao *páthos*, ao testemunho ou ao militantismo, mas podem e devem produzir conceitos, modelos e notas críticas.

Tudo seria mais simples se se pudesse passar sem disciplinas praxiológicas: se a política se reduzisse à ciência política, a medicina à bioquímica e a pedagogia às ciências da educação. Mas não é o caso. Há certamente numerosas tentativas de preencher, com muita dificuldade, o abismo entre ciência e ação. Todavia as diferentes abordagens da complexidade ou as recentíssimas teorias da ação se mostram verdadeiros problemas, pois não nos parece trazerem soluções teoricamente satisfatórias, nem mesmo – para falar a verdade- muito claras. Não se poderia, por outro lado, considerá-las como ressurgências – sofisticadas certamente – do cientificismo que denunciamos? Convém, sem dúvida, fazer desmoronar o quadro positivista estreito das ciências "duras" ou "brandas". Mas ao tentar o "entrismo" e a integração da pedagogia ao "quarto-de-despejo" do complexo, em que as ciências e as praxiologias correriam o risco de se dissolver, preferimos afirmar tranqüilamente que há um dualismo. As ciências não detêm a exclusividade do saber. Entre o racional e o irracional, há lugar para o razoável, para uma razão prática, irredutível à razão científica. Resta, pois, distinguir saber e saber e discernir o tipo de rigor que convém às ciências da educação daquele que convém às pesquisas pedagógicas.

É para isso que este trabalho gostaria de contribuir.

Notas

1. Uma versão parcial desta contribuição foi submetida pelo autor à Associação dos Professores pesquisadores em Ciências da Educação (AECSE), que a publicou integralmente e de maneira anônima em seu pequeno livro *Les Sciences de l'éducation: enjeux, finalités et défis*, Paris, AECSE/INRP, 2001. Agradecemos à AECSE sua autorização para publicar uma nova versão, mais desenvolvida, deste texto. Não se precisa dizer que as proposições aqui expostas são da responsabilidade apenas de seu autor.
2. O artigo "Pedagogie" aparece no *Nouveau Dictionnaire de pédagogie et d'instruction primaire*, publicado sob a direção de Ferdinand Buisson em 1911. O texto é retomado no volume publicado sob o título *Education et sociologie*, Paris PUF, 1985. É este último texto que utilizamos para a paginação.
3. Ele acrescenta, mais adiante, a psicologia da criança e a psicologia social.
4. IUFM sigla que, traduzida para o português, significa Instituto Universitário de Formação dos Mestres (professores de classes iniciais, na França)

Referências Bibliográficas

AECSE, *Les sciences de l'éducation, enjeux, finalités et défis*, Paris, AECSE/INRP, 2001.
ARISTOTE, *Éthique de Nicomaque*, Paris, Garnier-Flammarion, 1965, VI, II, 5.
AUBENQUE P., *La prudence chez Aristote*, Paris, PUF, 1963.
BACHELARD G. (1939), *La formation de l'esprit scientifique*, Paris, Vrin, 1970 a.
BACHELARD G. (1939), *Lautréamont*, Paris, Corti, 1970 b.
CHARBONNEL N., *Pour une critique de la raison éducative*, Berna, Peter lang, 1988.
DAVISSE A. et ROCHEX J.-Y. (coordenadores), " Pourvu qu'ils apprennent...", *Face à la diversité des élèves*, Créteil, CRDP, 1998.
DELEUZE G., *Différence et répétition*, Paris, PUF, 1969.
DELEUZE G., *Logique du sens*, Paris, Éditions de Minuit, 1969.
DURKHEIM E. *Éducation et Sociologie*, Paris, PUF, 1985.
FABRE M., *Gaston Bachelard et la formation de l'homme moderne*, Paris, Hachette, 2001.
FABRE M., *Jean-Jacques Rousseau, une fiction théorique éducative*, Paris, Hachette, 1999.
FABRE M., *Situations-problèmes et savoir scolaire*, Paris, PUF, 1999.
FLEURY B., *Ruptures épistémologiques en géographie:* représentations d'enseignants, mémoire de DEA, Caen, 1996.
GADAMER H.-G., *Vérité et méthode. Les grandes lignes d'une herméneutique philosophique*, Paris, Le Seuil, 1976.
GILLET P., *Pour une pédagogique ou l'enseignant praticien*, Paris, PUF, 1987.
GRANGER G.-G., *Pour la connaissance philosophique*, Paris, Odile Jacob, 1988.
HAMELINE D., DARDELIN M. -J., *La liberté d'apprendre. Situation II*, Paris, Les Éditions Ouvriéres, 1977.
HAMELINE D., DARDELIN M.-J., *La liberté d'apprendre, justification pour un enseignement non directif*, Paris, Les Éditions Ouvrières, 1967.
HAMELINE D., *L'éducation, ses images et son propos*, Paris, ESF éditeur, 1986.
HANOUN H., *Les paris de l'éducation*, Paris, PUF, 1996.
HOUSSAYE J., *Quinze pédagogues, leur influence aujourd'hui*, Paris, Armand Colin, 1994.
HOUSSAYE J., *Théorie et pratique de l'éducation scolaire (I). Le triangle pédagogique*, Berna, Peter Lang, 1988 a.
HOUSSAYE J., *Théorie et pratique de l'éducation scolaire (II). Pratiques pedagogiques*, Berna, Peter Lang, 1988 b.
HOUSSAYE J., *La pédagogie, une encyclopédie pour aujourd'hui*, Paris, ESF éditeur, 1993.
HUBERMAN M., *Un nouveau modèle de développement professional des enseignants*, Revue française de pédagogie, n° 75, 1986.
MEIRIEU Ph., *Itinéraires des pédagogies de groupe: apprendre en groupe? 1*, 1993 a.
MEIRIEU Ph., *Outils pour apprendre en groupe: Apprendre en groupe? 2*, Lyon, Chronique sociale, 1993 b.
MEIRIEU Ph., *La pédagogie entre le dire et le faire*, Paris, ESF éditeur, 1995.
REBOUL O., *Le langage de l'éducation*, Paris, PUF, 1984.
"Penser la pédagogie", *Revue française de pédagogie* n° 120, julho-agosto-setembro 1997.
RICOEUR P., *Du texte à l'action*, Essais d'Herméneutique II, Paris, Le Seuil, 1986.
ROUSSEAU J.-J., *Émile ou de l'éducation*, Paris, Garnier-Flammarion.
SOËTARD M., *Qu'est-ce que la pédagogie?* Issy-les-Moulineaux, ESF éditeur, 2001.
SOËTARD M., *Pestalozzi*, Paris, PUF, 1995.
VERGNOUX A., *Note de synthèse pour l'habilitation à diriger des recherches*, Université de Nantes, 2001.
WULF C., *Introduction aux sciences de l'éducation*, Paris, Armand Colin, 1995.